The Little Prince

- Saint Exupery -

What is most important is invisible.

The Little Prince
어린왕자 영어 다시 읽기

- Antoine de Saint-Exupery -

한국어를 잘 하시는 여러분! 반드시 영어도 잘 하실 수 있습니다.
제프스터디는 영어초보분들께 영어자신감을 반드시 안겨드립니다.
지금 바로 제프스터디를 방문해보세요!
www.jeffstudy.com

어린왕자 영어 다시 읽기

초판 1쇄 발행 2025년 1월 20일

옮 긴 이 | 현장원(Jeff 강사)
펴 낸 곳 | 브롬북스 (출판등록 : 제2019-000252호)
주   소 | 서울시 강남구 봉은사로 317, 3층
전   화 | 070-7563-7775
이 메 일 | jeffstudylove@gmail.com
홈페이지 | www.jeffstudy.com

저작권자 | ⓒ 2025. 현장원

이 책의 저작권은 저자에게 있습니다. 서면에 의한 저자와 출판사의 허락 없이
내용의 일부 혹은 전부를 인용 및 복제하거나 발췌하는 것을 금합니다.

'제프스터디는 영어초보분들께 꿈과 희망을 드립니다!'

- 책값은 뒤표지에 있습니다.
- 파본은 구입하신 서점에서 교환해드립니다.
- 책 관련한 문의 사항은 제프스터디(www.jeffstudy.com)로 문의 부탁드립니다.

ISBN : 979-11-988001-5-2(03860), 브롬북스 도서번호 000239-02

The Little Prince
어린왕자 영어 다시 읽기

Antoine de Saint-Exupery
Jeff 옮김

Every passing minute brings a new opportunity
to make a positive change.

I hope this book
serves as a precious opportunity for you.

삶의 모든 순간은 긍정적인 변화를 위한 새로운 기회를 안겨줍니다.
이 책이 당신에게 소중한 기회가 되기를 소망합니다.

- Jeff -

> **"What is most important is invisible."**
>
> 가장 중요한 것은 눈에 보이지 않는 법이야.

우리 삶에서 가장 소중한 것은 무엇일까?
우리가 꿈꾸는 행복한 삶이란 어떤 것일까?

어린왕자는 어떤 의문을 가지면 답을 찾을 때까지 결코 질문을 멈추질 않았다. 또한, 그는 여행에서 만난 모든 것들에 호기심으로 가득 차 있었다.

우리는 그러한 어린왕자의 적극적인 모습에서 위 질문들에 대한 답을 찾을 수 있을 것이다. 소설 '어린왕자'는 그런 점에서 너무나 고맙고도 위대한 작품이다.

명작도 읽고, 영어실력도 쌓는 소중한 경험을 '어린왕자 영어 365 다시 읽기'를 통해 이뤄내길 바란다. 아울러 행복해지려고 애쓰라 말했던 장미의 고마운 충고처럼 우리 모두 "Try to be happy." 했으면 좋겠다.

- 제프스터디, Jeff 강사로부터

**명작도 읽고 영어 실력도 Up 시키는
기쁨을 누리세요!**

어린왕자 영어 원문 ---------------- 9p

어린왕자 한글 번역 ---------------- 153p

어린왕자 영어독해 강의를 통해 명작도 읽고
영어실력도 Up 시키는 좋은 기회를 잡으세요!

이미 많은 분들께서 어린왕자
원서 영어 읽기에 도전하여 성공하셨습니다.

누군가가 했다면 반드시 나도 할 수 있습니다.
이제는 당신 차례입니다!

You can do it!

What would life be
if we had no courage to attempt anything?

- Vincent Van Gogh -

어떤 것을 시도할 용기조차 없다면
인생이 무슨 의미가 있겠는가?

- 빈센트 반 고흐 -

The Little Prince

I

[1]

Once when I was six years old I saw a magnificent picture in a book, called True Stories from Nature, about the primeval forest. It was a picture of a boa constrictor in the act of swallowing an animal. Here is a copy of the drawing.

[2]

In the book it said: "Boa constrictors swallow their prey whole, without chewing it. After that they are not able to move, and they sleep through the six months that they need for digestion."

[3]

I pondered deeply, then, over the adventures of the jungle. And after some work with a colored pencil I succeeded in making my first drawing. My Drawing Number One. It looked something like this:

[4]

I showed my masterpiece to the grown-ups, and asked them whether the drawing frightened them. But they answered: "Frighten? Why should any one be frightened by a hat?"

[5]

My drawing was not a picture of a hat. It was a picture of a boa constrictor digesting an elephant. But since the grown-ups were not able to understand it, I made another drawing: I drew the inside of a boa constrictor, so that the grown-ups could see it clearly. They always need to have things explained. My Drawing Number Two looked like this:

[6]

The grown-ups' response, this time, was to advise me to lay aside my drawings of boa constrictors, whether from the inside or the outside, and devote myself instead to geography, history, arithmetic, and grammar.

[7]

That is why, at the age of six, I gave up what might have been a magnificent career as a painter. I had been disheartened by the failure of my Drawing Number One and my Drawing Number Two. Grown-ups never understand anything by themselves, and it is tiresome for children to be always and forever explaining things to them.

[8]

So then I chose another profession, and learned to pilot airplanes. I have flown a little over all parts of the world; and it is true that geography has been very useful to me. At a glance I can distinguish China from Arizona. If one gets lost in the night, such knowledge is valuable.

[9]

In the course of this life I have had a great many encounters with a great many people who have been concerned with matters of consequence. I have lived a great deal among grown-ups. I have seen them intimately, close at hand. And that hasn't much improved my opinion of them.

[10]

Whenever I met one of them who seemed to me at all clear-sighted, I tried the experiment of showing him my Drawing Number One, which I have always kept. I would try to find out, so, if this was a person of true understanding. But, whoever it was, he, or she, would always say:
"That is a hat."

[11]

Then I would never talk to that person about boa constrictors, or primeval forests, or stars. I would bring myself down to his level. I would talk to him about bridge, and golf, and politics, and neckties. And the grown-up would be greatly pleased to have met such a sensible man.

II

[12]

So I lived my life alone, without anyone that I could really talk to, until I had an accident with my plane in the Desert of Sahara, six years ago. Something was broken in my engine. And as I had with me neither a mechanic nor any passengers, I set myself to attempt the difficult repairs all alone.

[13]

It was a question of life or death for me: I had scarcely enough drinking water to last a week.
The first night, then, I went to sleep on the sand, a thousand miles from any human habitation. I was more isolated than a

shipwrecked sailor on a raft in the middle of the ocean.

[14]

    Thus you can imagine my amazement, at sunrise, when I was awakened by an odd little voice. It said:

"If you please   draw me a sheep!"

"What!"

"Draw me a sheep!"

I jumped to my feet, completely thunderstruck. I blinked my eyes hard. I looked carefully all around me.

[15]

    And I saw a most extraordinary small person, who stood there examining me with great seriousness. Here you may see the best portrait that, later, I was able to make of him. But my drawing is certainly very much less charming than its model.

[16]

   That, however, is not my fault. The grown-ups discouraged me in my painter's career when I was six years old, and I never learned to draw anything, except boas from the outside and boas from the inside.

Now I stared at this sudden apparition with my eyes fairly starting out of my head in astonishment.

[17]

   Remember, I had crashed in the desert a thousand miles from any inhabited region. And yet my little man seemed neither to be straying uncertainly among the sands, nor to be fainting from fatigue or hunger or thirst or fear. Nothing about him gave any suggestion of a child lost in the middle of the desert, a thousand miles from any human habitation.

[18]

   When at last I was able to speak, I said to him:
"But what are you doing here?"
And in answer he repeated, very slowly, as if he were speaking of a matter of great consequence:
"If you please draw me a sheep..."
When a mystery is too overpowering, one dare not disobey.

[19]

Absurd as it might seem to me, a thousand miles from any human habitation and in danger of death, I took out of my pocket a sheet of paper and my fountain-pen. But then I remembered how my studies had been concentrated on geography, history, arithmetic and grammar, and I told the little chap (a little crossly, too) that I did not know how to draw.

[20]

He answered me:
"That doesn't matter. Draw me a sheep..."
But I had never drawn a sheep. So I drew for him one of the two pictures I had drawn so often. It was that of the boa constrictor from the outside.

[21]

And I was astounded to hear the little fellow greet it with:
"No, no, no! I do not want an elephant inside a boa constrictor. A boa constrictor is a very dangerous creature, and an elephant is very cumbersome. Where I live, everything is very small. What I need is a sheep. Draw me a sheep."
So then I made a drawing.

[22]

    He looked at it carefully, then he said:

"No. This sheep is already very sickly. Make me another."

So I made another drawing.

My friend smiled gently and indulgently.

"You see yourself," he said, "that this is not a sheep. This is a ram. It has horns."

[23]

   So then I did my drawing over once more.

But it was rejected too, just like the others.

"This one is too old. I want a sheep that will live a long time."

By this time my patience was exhausted, because I was in a hurry to start taking my engine apart.

[24]

   So I tossed off this drawing.

And I threw out an explanation with it.

"This is only his box. The sheep you asked for is inside."

I was very surprised to see a light break over the face of my young judge:

[25]

"That is exactly the way I wanted it! Do you think that this sheep will have to have a great deal of grass?"

"Why?"

"Because where I live everything is very small..."

"There will surely be enough grass for him," I said. "It is a very small sheep that I have given you."

[26]

He bent his head over the drawing.

"Not so small that   Look! He has gone to sleep..."

And that is how I made the acquaintance of the little prince.

III

[27]

It took me a long time to learn where he came from. The little prince, who asked me so many questions, never seemed to hear the ones I asked him. It was from words dropped by chance that, little by little, everything was revealed to me.

[28]

  The first time he saw my airplane, for instance (I shall not draw my airplane; that would be much too complicated for me), he asked me:
"What is that object?"
"That is not an object. It flies. It is an airplane. It is my airplane."

[29]

  And I was proud to have him learn that I could fly. He cried out, then:
"What! You dropped down from the sky?"
"Yes," I answered, modestly.
"Oh! That is funny!"
And the little prince broke into a lovely peal of laughter, which irritated me very much. I like my misfortunes to be taken seriously. Then he added:

[30]

  "So you, too, come from the sky! Which is your planet?"
At that moment I caught a gleam of light in the impenetrable mystery of his presence; and I demanded, abruptly:
"Do you come from another planet?"
But he did not reply. He tossed his head gently, without taking

his eyes from my plane:

[31]

"It is true that on that you can't have come from very far away..."
And he sank into a reverie, which lasted a long time. Then, taking my sheep out of his pocket, he buried himself in the contemplation of his treasure.

[32]

You can imagine how my curiosity was aroused by this half-confidence about the "other planets." I made a great effort, therefore, to find out more on this subject.
"My little man, where do you come from? What is this 'where I live,' of which you speak? Where do you want to take your sheep?"

[33]

After a reflective silence he answered:
"The thing that is so good about the box you have given me is that at night he can use it as his house."
"That is so. And if you are good I will give you a string, too, so that you can tie him during the day, and a post to tie him to."

[34]

    But the little prince seemed shocked by this offer:

"Tie him! What a queer idea!"

"But if you don't tie him," I said, "he will wander off somewhere, and get lost."

My friend broke into another peal of laughter:

"But where do you think he would go?"

[35]

    "Anywhere. Straight ahead of him."

Then the little prince said, earnestly:

"That doesn't matter. Where I live, everything is so small!"

And, with perhaps a hint of sadness, he added:

"Straight ahead of him, nobody can go very far..."

IV

[36]

    I had thus learned a second fact of great importance: this was that the planet the little prince came from was scarcely any larger than a house!

But that did not really surprise me much. I knew very well that in addition to the great planets such as the Earth, Jupiter, Mars, Venus 뺀o which we have given names, there are also hundreds of others, some of which are so small that one has a hard time seeing them through the telescope.

[37]

When an astronomer discovers one of these he does not give it a name, but only a number. He might call it, for example, "Asteroid 325".

[38]

I have serious reason to believe that the planet from which the little prince came is the asteroid known as B-612.

This asteroid has only once been seen through the telescope. That was by a Turkish astronomer, in 1909.

[39]

On making his discovery, the astronomer had presented it to the International Astronomical Congress, in a great demonstration. But he was in Turkish costume, and so nobody would believe what he said.

Grown-ups are like that...

[40]

Fortunately, however, for the reputation of Asteroid B-612, a Turkish dictator made a law that his subjects, under pain of death, should change to European costume. So in 1920 the astronomer gave his demonstration all over again, dressed with impressive style and elegance.

[41]

And this time everybody accepted his report. If I have told you these details about the asteroid, and made a note of its number for you, it is on account of the grown-ups and their ways. Grown-ups love figures. When you tell them that you have made a new friend, they never ask you any questions about essential matters.

[42]

They never say to you, "What does his voice sound like? What games does he love best? Does he collect butterflies?" Instead, they demand: "How old is he? How many brothers has he? How much does he weigh? How much money does his father make?"

[43]

Only from these figures do they think they have learned anything about him.
If you were to say to the grown-ups: "I saw a beautiful house made of rosy brick, with geraniums in the windows and doves on the roof,"

[44]

they would not be able to get any idea of that house at all. You would have to say to them: "I saw a house that cost $20,000." Then they would exclaim: "Oh, what a pretty house that is!"

[45]

Just so, you might say to them: "The proof that the little prince existed is that he was charming, that he laughed, and that he was looking for a sheep. If anybody wants a sheep, that is a proof that he exists." And what good would it do to tell them that?

[46]

   They would shrug their shoulders, and treat you like a child. But if you said to them: "The planet he came from is Asteroid B-612," then they would be convinced, and leave you in peace from their questions.

[47]

   They are like that. One must not hold it against them. Children should always show great forbearance toward grown-up people. But certainly, for us who understand life, figures are a matter of indifference. I should have liked to begin this story in the fashion of the fairy-tales.

[48]

   I should have liked to say: "Once upon a time there was a little prince who lived on a planet that was scarcely any bigger than himself, and who had need of a sheep..."
To those who understand life, that would have given a much greater air of truth to my story.

[49]

For I do not want any one to read my book carelessly. I have suffered too much grief in setting down these memories. Six years have already passed since my friend went away from me, with his sheep. If I try to describe him here, it is to make sure that I shall not forget him.

[50]

To forget a friend is sad. Not every one has had a friend. And if I forget him, I may become like the grown-ups who are no longer interested in anything but figures...
It is for that purpose, again, that I have bought a box of paints and some pencils.

[51]

It is hard to take up drawing again at my age, when I have never made any pictures except those of the boa constrictor from the outside and the boa constrictor from the inside, since I was six. I shall certainly try to make my portraits as true to life as possible. But I am not at all sure of success.

[52]

One drawing goes along all right, and another has no

resemblance to its subject. I make some errors, too, in the little prince's height: in one place he is too tall and in another too short. And I feel some doubts about the color of his costume.

[53]

So I fumble along as best I can, now good, now bad, and I hope generally fair-to-middling.

In certain more important details I shall make mistakes, also. But that is something that will not be my fault.

[54]

My friend never explained anything to me. He thought, perhaps, that I was like himself. But I, alas, do not know how to see sheep through the walls of boxes. Perhaps I am a little like the grown-ups. I have had to grow old.

V

[55]

As each day passed I would learn, in our talk, something about the little prince's planet, his departure from it, his journey. The information would come very slowly, as it might chance to fall from his thoughts.

[56]

  It was in this way that I heard, on the third day, about the catastrophe of the baobabs.
This time, once more, I had the sheep to thank for it. For the little prince asked me abruptly as if seized by a grave doubt It is true, isn't it, that sheep eat little bushes?"

[57]

  "Yes, that is true."
"Ah! I am glad!"
I did not understand why it was so important that sheep should eat little bushes. But the little prince added:
"Then it follows that they also eat baobabs?"

[58]

  I pointed out to the little prince that baobabs were not little bushes, but, on the contrary, trees as big as castles; and that even if he took a whole herd of elephants away with him, the herd would not eat up one single baobab.

[59]

The idea of the herd of elephants made the little prince laugh. "We would have to put them one on top of the other," he said. But he made a wise comment:

"Before they grow so big, the baobabs start out by being little."

[60]

"That is strictly correct," I said. "But why do you want the sheep to eat the little baobabs?"

He answered me at once, "Oh, come, come!", as if he were speaking of something that was self-evident.

[61]

And I was obliged to make a great mental effort to solve this problem, without any assistance.
Indeed, as I learned, there were on the planet where the little prince lived　as on all planets　good plants and bad plants.

[62]

In consequence, there were good seeds from good plants, and bad seeds from bad plants. But seeds are invisible. They sleep deep in the heart of the earth's darkness, until someone among them is seized with the desire to awaken.

[63]

Then this little seed will stretch itself and begin　timidly at first　to push a charming little sprig inoffensively upward toward the sun. If it is only a sprout of radish or the sprig of a rose-bush, one would let it grow wherever it might wish.

[64]

But when it is a bad plant, one must destroy it as soon as possible, the very first instant that one recognizes it.
Now there were some terrible seeds on the planet that was the home of the little prince; and these were the seeds of the

baobab.

[65]

The soil of that planet was infested with them. A baobab is something you will never, never be able to get rid of if you attend to it too late. It spreads over the entire planet. It bores clear through it with its roots. And if the planet is too small, and the baobabs are too many, they split it in pieces...

[66]

"It is a question of discipline," the little prince said to me later on. "When you've finished your own toilet in the morning, then it is time to attend to the toilet of your planet, just so, with the greatest care. You must see to it that you pull up regularly all the baobabs, at the very first moment when they can be distinguished from the rosebushes which they resemble so closely in their earliest youth.

[67]

It is very tedious work," the little prince added, "but very easy."
And one day he said to me: "You ought to make a beautiful drawing, so that the children where you live can see exactly how all this is.

[68]

That would be very useful to them if they were to travel someday. Sometimes," he added, "there is no harm in putting off a piece of work until another day. But when it is a matter of baobabs, that always means a catastrophe.

[69]

I knew a planet that was inhabited by a lazy man. He neglected three little bushes..."

So, as the little prince described it to me, I have made a drawing of that planet. I do not much like to take the tone of a moralist.

[70]

But the danger of the baobabs is so little understood, and such considerable risks would be run by anyone who might get lost on an asteroid, that for once I am breaking through my reserve. "Children," I say plainly, "watch out for the baobabs!" My friends, like myself, have been skirting this danger for a long time, without ever knowing it; and so it is for them that I have worked so hard over this drawing.

[71]

The lesson which I pass on by this means is worth all the trouble it has cost me.

Perhaps you will ask me, "Why are there no other drawings in this book as magnificent and impressive as this drawing of the baobabs?"

[72]

   The reply is simple. I have tried. But with the others I have not been successful. When I made the drawing of the baobabs I was carried beyond myself by the inspiring force of urgent necessity.

VI

[73]

Oh, little prince! Bit by bit I came to understand the secrets of your sad little life... For a long time you had found your only entertainment in the quiet pleasure of looking at the sunset. I learned that new detail on the morning of the fourth day, when you said to me:

[74]

"I am very fond of sunsets. Come, let us go look at a sunset now."
"But we must wait," I said.
"Wait? For what?"
"For the sunset. We must wait until it is time."
At first you seemed to be very much surprised. And then you laughed to yourself. You said to me:

[75]

"I am always thinking that I am at home!"
Just so. Everybody knows that when it is noon in the United

States the sun is setting over France. If you could fly to France in one minute, you could go straight into the sunset, right from noon. Unfortunately, France is too far away for that.

[76]

    But on your tiny planet, my little prince, all you need do is move your chair a few steps. You can see the day end and the twilight falling whenever you like...
"One day," you said to me, "I saw the sunset forty-four times!"
And a little later you added:

[77]

    "You know one loves the sunset, when one is so sad..."
"Were you so sad, then?" I asked, "on the day of the forty-four sunsets?"
But the little prince made no reply

VII

[78]

On the fifth day again, as always, it was thanks to the sheep the secret of the little prince's life was revealed to me. Abruptly, without anything to lead up to it, and as if the question had been born of long and silent meditation on his problem, he demanded:

[79]

"A sheep if it eats little bushes, does it eat flowers, too?"
"A sheep," I answered, "eats anything it finds in its reach."
"Even flowers that have thorns?"
"Yes, even flowers that have thorns."
"Then the thorns what use are they?"
I did not know. At that moment I was very busy trying to unscrew a bolt that had got stuck in my engine.

[80]

I was very much worried, for it was becoming clear to me that the breakdown of my plane was extremely serious. And I had so little drinking-water left that I had to fear for the worst.
"The thorns what use are they?"

[81]

The little prince never let go of a question, once he had asked it. As for me, I was upset over that bolt. And I answered with the first thing that came into my head:
"The thorns are of no use at all. Flowers have thorns just for spite!"

[82]

"Oh!"
There was a moment of complete silence. Then the little prince flashed back at me, with a kind of resentfulness:
"I don't believe you! Flowers are weak creatures. They are naïve. They reassure themselves as best they can. They believe that their thorns are terrible weapons..."

[83]

I did not answer. At that instant I was saying to myself: "If

this bolt still won't turn, I am going to knock it out with the hammer." Again the little prince disturbed my thoughts:
"And you actually believe that the flowers "

[84]

   "Oh, no!" I cried. "No, no, no! I don't believe anything. I answered you with the first thing that came into my head. Don't you see I am very busy with matters of consequence!"
He stared at me, thunderstruck.
"Matters of consequence!"
He looked at me there, with my hammer in my hand, my fingers black with engine-grease, bending down over an object which seemed to him extremely ugly...

[85]

   "You talk just like the grown-ups!"
That made me a little ashamed. But he went on, relentlessly:
"You mix everything up together... You confuse everything..."

[86]

   He was really very angry. He tossed his golden curls in the breeze.
"I know a planet where there is a certain red-faced gentleman.

He has never smelled a flower.

[87]

   He has never looked at a star. He has never loved any one. He has never done anything in his life but add up figures. And all day he says over and over, just like you: 'I am busy with matters of consequence!'

[88]

   And that makes him swell up with pride. But he is not a man he is a mushroom!"
"A what?"
"A mushroom!"
The little prince was now white with rage.
"The flowers have been growing thorns for millions of years. For millions of years the sheep have been eating them just the same.

[89]

   And is it not a matter of consequence to try to understand why the flowers go to so much trouble to grow thorns which are never of any use to them? Is the warfare between the sheep and the flowers not important? Is this not of more consequence than a fat red-faced gentleman's sums?

[90]

And if I know I, myself one flower which is unique in the world, which grows nowhere but on my planet, but which one little sheep can destroy in a single bite some morning, without even noticing what he is doing Oh! You think that is not important!"

[91]

His face turned from white to red as he continued:
"If someone loves a flower, of which just one single blossom grows in all the millions and millions of stars, it is enough to make him happy just to look at the stars.

[92]

He can say to himself, 'Somewhere, my flower is there...' But if the sheep eats the flower, in one moment all his stars will be darkened... And you think that is not important!"
He could not say anything more. His words were choked by sobbing.

[93]

The night had fallen. I had let my tools drop from my hands. Of what moment now was my hammer, my bolt, or thirst, or death? On one star, one planet, my planet, the Earth, there was a little prince to be comforted. I took him in my arms, and rocked him. I said to him:

[94]

"The flower that you love is not in danger. I will draw you a muzzle for your sheep. I will draw you a railing to put around your flower. I will "
I did not know what to say to him. I felt awkward and blundering. I did not know how I could reach him, where I could overtake him and go on hand in hand with him once more.
It is such a secret place, the land of tears.

VIII

[95]

I soon learned to know this flower better. On the little prince's planet the flowers had always been very simple. They had only one ring of petals; they took up no room at all; they were a trouble to nobody.

[96]

One morning they would appear in the grass, and by night they would have faded peacefully away. But one day, from a seed blown from no one knew where, a new flower had come up; and the little prince had watched very closely over this small sprout which was not like any other small sprouts on his planet.

[97]

It might, you see, have been a new kind of baobab.
The shrub soon stopped growing, and began to get ready to

produce a flower.

[98]

  The little prince, who was present at the first appearance of a huge bud, felt at once that some sort of miraculous apparition must emerge from it. But the flower was not satisfied to complete the preparations for her beauty in the shelter of her green chamber.

[99]

  She chose her colors with the greatest care. She dressed herself slowly. She adjusted her petals one by one. She did not wish to go out into the world all rumpled, like the field poppies. It was only in the full radiance of her beauty that she wished to appear.

[100]

  Oh, yes! She was a coquettish creature! And her mysterious adornment lasted for days and days.
Then one morning, exactly at sunrise, she suddenly showed herself.
And, after working with all this painstaking precision, she yawned and said:

[101]

"Ah! I am scarcely awake. I beg that you will excuse me. My petals are still all disarranged..."
But the little prince could not restrain his admiration:
"Oh! How beautiful you are!"
"Am I not?" the flower responded, sweetly. "And I was born at the same moment as the sun..."

[102]

The little prince could guess easily enough that she was not any too modest but how moving and exciting she was!
"I think it is time for breakfast," she added an instant later. "If you would have the kindness to think of my needs "

[103]

And the little prince, completely abashed, went to look for a sprinkling-can of fresh water. So, he tended the flower. So, too, she began very quickly to torment him with her vanity which was, if the truth be known, a little difficult to deal with.

[104]

One day, for instance, when she was speaking of her four thorns, she said to the little prince:
"Let the tigers come with their claws!"
"There are no tigers on my planet," the little prince objected. "And, anyway, tigers do not eat weeds."

[105]

"I am not a weed," the flower replied, sweetly.

"Please excuse me..."

"I am not at all afraid of tigers," she went on, "but I have a horror of drafts. I suppose you wouldn't have a screen for me?"

[106]

"A horror of drafts that is bad luck, for a plant," remarked the little prince, and added to himself, "This flower is a very complex creature..."

"At night I want you to put me under a glass globe. It is very cold where you live. In the place I came from..."

[107]

But she interrupted herself at that point. She had come in the form of a seed. She could not have known anything of any other worlds. Embarrassed over having let herself be caught on the verge of such a naïve untruth, she coughed two or three times, in order to put the little prince in the wrong.

[108]

"The screen?"

"I was just going to look for it when you spoke to me..."

Then she forced her cough a little more so that he should suffer from remorse just the same.

[109]

So the little prince, in spite of all the good will that was inseparable from his love, had soon come to doubt her. He had taken seriously words which were without importance, and it made him very unhappy.

[110]

"I ought not to have listened to her," he confided to me one day. "One never ought to listen to the flowers. One should simply look at them and breathe their fragrance. Mine perfumed all my planet.

[111]

But I did not know how to take pleasure in all her grace. This tale of claws, which disturbed me so much, should only have filled my heart with tenderness and pity."

[112]

    And he continued his confidences:

"The fact is that I did not know how to understand anything! I ought to have judged by deeds and not by words. She cast her fragrance and her radiance over me.

[113]

    I ought never to have run away from her... I ought to have guessed all the affection that lay behind her poor little stratagems. Flowers are so inconsistent! But I was too young to know how to love her."

IX

[114]

I believe that for his escape he took advantage of the migration of a flock of wild birds. On the morning of his departure he put his planet in perfect order. He carefully cleaned out his active volcanoes.

[115]

He possessed two active volcanoes; and they were very convenient for heating his breakfast in the morning. He also had one volcano that was extinct. But, as he said, "One never knows!" So he cleaned out the extinct volcano, too.

[116]

If they are well cleaned out, volcanoes burn slowly and steadily, without any eruptions. Volcanic eruptions are like fires in a chimney.
On our earth we are obviously much too small to clean out our volcanoes. That is why they bring no end of trouble upon us.

[117]

The little prince also pulled up, with a certain sense of dejection, the last little shoots of the baobabs. He believed that he would never want to return. But on this last morning all these familiar tasks seemed very precious to him.

[118]

And when he watered the flower for the last time, and prepared to place her under the shelter of her glass globe, he realized that he was very close to tears.

"Goodbye," he said to the flower.

But she made no answer.

"Goodbye," he said again.

[119]

The flower coughed. But it was not because she had a cold. "I have been silly," she said to him, at last. "I ask your forgiveness. Try to be happy..."

[120]

He was surprised by this absence of reproaches. He stood there all bewildered, the glass globe held arrested in mid-air. He did not understand this quiet sweetness.
"Of course I love you," the flower said to him.

[121]

"It is my fault that you have not known it all the while. That is of no importance. But you — you have been just as foolish as I. Try to be happy... Let the glass globe be. I don't want it any more."

[122]

"But the wind — "
"My cold is not so bad as all that... The cool night air will do me good. I am a flower."
"But the animals — "
"Well, I must endure the presence of two or three caterpillars if

I wish to become acquainted with the butterflies.

[123]

It seems that they are very beautiful. And if not the butterflies and the caterpillars   who will call upon me? You will be far away... As for the large animals   I am not at all afraid of any of them. I have my claws."

[124]

And, naively, she showed her four thorns. Then she added: "Don't linger like this. You have decided to go away. Now go!" For she did not want him to see her crying. She was such a proud flower.

X

[125]

He found himself in the neighborhood of the asteroids 325, 326, 327, 328, 329, and 330. He began, therefore, by visiting them, in order to add to his knowledge.

The first of them was inhabited by a king.

[126]

   Clad in royal purple and ermine, he was seated upon a throne which was at the same time both simple and majestic.
"Ah! Here is a subject," exclaimed the king, when he saw the little prince coming.

[127]

   And the little prince asked himself:
"How could he recognize me when he had never seen me before?"
He did not know how the world is simplified for kings. To them, all men are subjects.

[128]

"Approach, so that I may see you better," said the king, who felt consumingly proud of being at last a king over somebody. The little prince looked everywhere to find a place to sit down; but the entire planet was crammed and obstructed by the king's magnificent ermine robe.

[129]

So he remained standing upright, and, since he was tired, he yawned.
"It is contrary to etiquette to yawn in the presence of a king," the monarch said to him. "I forbid you to do so."

[130]

"I can't help it. I can't stop myself," replied the little prince, thoroughly embarrassed. "I have come on a long journey, and I have had no sleep..."
"Ah, then," the king said. "I order you to yawn. It is years since I have seen anyone yawning.

[131]

Yawns, to me, are objects of curiosity. Come, now! Yawn again! It is an order."

"That frightens me... I cannot, any more..." murmured the little prince, now completely abashed.

[132]

"Hum! Hum!" replied the king. "Then I I order you sometimes to yawn and sometimes to "

He sputtered a little, and seemed vexed.

For what the king fundamentally insisted upon was that his authority should be respected.

[133]

He tolerated no disobedience. He was an absolute monarch. But, because he was a very good man, he made his orders reasonable.

"If I ordered a general," he would say, by way of example, "if I ordered a general to change himself into a sea bird, and if the general did not obey me, that would not be the fault of the general.

[134]

It would be my fault."

"May I sit down?" came now a timid inquiry from the little prince.

"I order you to do so," the king answered him, and majestically gathered in a fold of his ermine mantle.

[135]

But the little prince was wondering... The planet was tiny. Over what could this king really rule?

"Sire," he said to him, "I beg that you will excuse my asking you a question "

"I order you to ask me a question," the king hastened to assure him.

"Sire over what do you rule?"

[136]

"Over everything," said the king, with magnificent simplicity.

"Over everything?"

The king made a gesture, which took in his planet, the other planets, and all the stars.

[137]

"Over all that?" asked the little prince.

"Over all that," the king answered.

For his rule was not only absolute: it was also universal.

"And the stars obey you?"

"Certainly they do," the king said. "They obey instantly. I do not permit insubordination."

[138]
Such power was a thing for the little prince to marvel at. If he had been master of such complete authority, he would have been able to watch the sunset,

[139]
  not forty-four times in one day, but seventy-two, or even a hundred, or even two hundred times, without ever having to move his chair. And because he felt a bit sad as he remembered his little planet which he had forsaken, he plucked up his courage to ask the king a favor:

[140]
  "I should like to see a sunset... Do me that kindness... Order the sun to set..."
"If I ordered a general to fly from one flower to another like a butterfly, or to write a tragic drama, or to change himself into a sea bird, and if the general did not carry out the order that he had received, which one of us would be in the wrong?" the king demanded.

[141]

"The general, or myself?"

"You," said the little prince firmly.

"Exactly. One must require from each one the duty which each one can perform," the king went on.

[142]

"Accepted authority rests first of all on reason. If you ordered your people to go and throw themselves into the sea, they would rise up in revolution. I have the right to require obedience because my orders are reasonable."

"Then my sunset?" the little prince reminded him: for he never forgot a question once he had asked it.

[143]

"You shall have your sunset. I shall command it. But, according to my science of government, I shall wait until conditions are favorable."

"When will that be?" inquired the little prince.

"Hum! Hum!" replied the king; and before saying anything else he consulted a bulky almanac.

[144]

"Hum! Hum! That will be about about that will be this evening about twenty minutes to eight. And you will see how well I am obeyed!"

The little prince yawned. He was regretting his lost sunset. And then, too, he was already beginning to be a little bored.

[145]

"I have nothing more to do here," he said to the king. "So I shall set out on my way again."

"Do not go," said the king, who was very proud of having a subject. "Do not go. I will make you a Minister!"

[146]

"Minister of what?"

"Minster of of Justice!"

"But there is nobody here to judge!"

"We do not know that," the king said to him. "I have not yet made a complete tour of my kingdom. I am very old. There is no room here for a carriage. And it tires me to walk."

[147]

"Oh, but I have looked already!" said the little prince, turning around to give one more glance to the other side of the planet. On that side, as on this, there was nobody at all...

"Then you shall judge yourself," the king answered. "that is the most difficult thing of all.

[148]

It is much more difficult to judge oneself than to judge others. If you succeed in judging yourself rightly, then you are indeed a man of true wisdom."

"Yes," said the little prince, "but I can judge myself anywhere. I do not need to live on this planet."

[149]

"Hum! Hum!" said the king. "I have good reason to believe that somewhere on my planet there is an old rat. I hear him at night. You can judge this old rat. From time to time you will condemn him to death.

[150]

Thus his life will depend on your justice. But you will pardon him on each occasion; for he must be treated thriftily. He is the only one we have."

"I," replied the little prince, "do not like to condemn anyone to death. And now I think I will go on my way."

[151]

　"No," said the king.
But the little prince, having now completed his preparations for departure, had no wish to grieve the old monarch.
"If Your Majesty wishes to be promptly obeyed," he said, "he should be able to give me a reasonable order.

[152]

　He should be able, for example, to order me to be gone by the end of one minute. It seems to me that conditions are favorable..."
As the king made no answer, the little prince hesitated a moment. Then, with a sigh, he took his leave.

[153]

　"I make you my Ambassador," the king called out, hastily.
He had a magnificent air of authority.
"The grown-ups are very strange," the little prince said to himself, as he continued on his journey.

XI

[154]

The second planet was inhabited by a conceited man.

"Ah! Ah! I am about to receive a visit from an admirer!" he exclaimed from afar, when he first saw the little prince coming

[155]

    For, to conceited men, all other men are admirers.

"Good morning," said the little prince. "That is a queer hat you are wearing."

"It is a hat for salutes," the conceited man replied. "It is to raise in salute when people acclaim me. Unfortunately, nobody at all ever passes this way."

[156]

    "Yes?" said the little prince, who did not understand what the conceited man was talking about.

"Clap your hands, one against the other," the conceited man now directed him.

[157]

    The little prince clapped his hands. The conceited man raised his hat in a modest salute.

"This is more entertaining than the visit to the king," the little prince said to himself.

[158]

    And he began again to clap his hands, one against the other. The conceited man again raised his hat in salute.

After five minutes of this exercise the little prince grew tired of the game's monotony.

[159]

"And what should one do to make the hat come down?" he asked.
But the conceited man did not hear him. Conceited people never hear anything but praise.

[160]

"Do you really admire me very much?" he demanded of the little prince.
"What does that mean 'admire'?"
"To admire means that you regard me as the handsomest, the best-dressed, the richest, and the most intelligent man on this planet."

[161]

"But you are the only man on your planet!"
"Do me this kindness. Admire me just the same."
"I admire you," said the little prince, shrugging his shoulders slightly, "but what is there in that to interest you so much?"
And the little prince went away.

"The grown-ups are certainly very odd," he said to himself, as he continued on his journey.

XII

[162]

The next planet was inhabited by a tippler. This was a very short visit, but it plunged the little prince into deep dejection. "What are you doing there?" he said to the tippler, whom he found settled down in silence before a collection of empty bottles and also a collection of full bottles.

[163]

"I am drinking," replied the tippler, with a lugubrious air.

"Why are you drinking?" demanded the little prince.

"So that I may forget," replied the tippler.

"Forget what?" inquired the little prince, who already was sorry for him.

[164]

"Forget that I am ashamed," the tippler confessed, hanging his head.

"Ashamed of what?" insisted the little prince, who wanted to help him.

"Ashamed of drinking!" The tippler brought his speech to an end, and shut himself up in an impregnable silence.

And the little prince went away, puzzled.

"The grown-ups are certainly very, very odd," he said to himself, as he continued on his journey.

XIII

[165]

The fourth planet belonged to a businessman. This man was so much occupied that he did not even raise his head at the little prince's arrival.

"Good morning," the little prince said to him. "Your cigarette has gone out."

[166]

"Three and two make five. Five and seven make twelve. Twelve and three make fifteen. Good morning. Fifteen and seven make twenty-two. Twenty-two and six make twenty-eight.

[167]

I haven't time to light it again. Twenty-six and five make thirty-one. Phew! Then that makes five-hundred-and-one million, six-hundred-twenty-two-thousand, seven-hundred-thirty-one."

[168]

"Five hundred million what?" asked the little prince.
"Eh? Are you still there? Five-hundred-and-one million   I can't stop... I have so much to do! I am concerned with matters of consequence. I don't amuse myself with balderdash. Two and five make seven..."

[169]

"Five-hundred-and-one million what?" repeated the little prince, who never in his life had let go of a question once he had asked it.
The businessman raised his head.

"During the fifty-four years that I have inhabited this planet, I have been disturbed only three times.

[170]

The first time was twenty-two years ago, when some giddy goose fell from goodness knows where. He made the most frightful noise that resounded all over the place, and I made four mistakes in my addition.

[171]

The second time, eleven years ago, I was disturbed by an attack of rheumatism. I don't get enough exercise. I have no time for loafing. The third time well, this is it! I was saying, then, five-hundred-and-one millions "

[172]

"Millions of what?"

The businessman suddenly realized that there was no hope of being left in peace until he answered this question.

"Millions of those little objects," he said, "which one sometimes sees in the sky."

"Flies?"

"Oh, no. Little glittering objects."

"Bees?"

[173]

"Oh, no. Little golden objects that set lazy men to idle dreaming. As for me, I am concerned with matters of consequence. There is no time for idle dreaming in my life."
"Ah! You mean the stars?"
"Yes, that's it. The stars."
"And what do you do with five-hundred millions of stars?"

[174]

"Five-hundred-and-one million, six-hundred-twenty-two thousand, seven-hundred-thirty-one. I am concerned with matters of consequence: I am accurate."
"And what do you do with these stars?"
"What do I do with them?"
"Yes."

[175]

"Nothing. I own them."
"You own the stars?"
"Yes."
"But I have already seen a king who "

"Kings do not own, they reign over. It is a very different matter."

"And what good does it do you to own the stars?"

"It does me the good of making me rich."

"And what good does it do you to be rich?"

[176]

   "It makes it possible for me to buy more stars, if any are discovered."

"This man," the little prince said to himself, "reasons a little like my poor tippler..."

Nevertheless, he still had some more questions.

"How is it possible for one to own the stars?"

[177]

   "To whom do they belong?" the businessman retorted, peevishly.

"I don't know. To nobody."

"Then they belong to me, because I was the first person to think of it."

"Is that all that is necessary?"

[178]

   "Certainly. When you find a diamond that belongs to nobody,

it is yours. When you discover an island that belongs to nobody, it is yours. When you get an idea before anyone else, you take out a patent on it: it is yours. So with me: I own the stars, because nobody else before me ever thought of owning them."

[179]

   "Yes, that is true," said the little prince. "And what do you do with them?"
"I administer them," replied the businessman. "I count them and recount them. It is difficult. But I am a man who is naturally interested in matters of consequence."

[180]

   The little prince was still not satisfied.
"If I owned a silk scarf," he said, "I could put it around my neck and take it away with me. If I owned a flower, I could pluck that flower and take it away with me. But you cannot pluck the stars from heaven..."

[181]

   "No. But I can put them in the bank."
"Whatever does that mean?"

"That means that I write the number of my stars on a little paper. And then I put this paper in a drawer and lock it with a key."

[182]

"And that is all?"
"That is enough," said the businessman.
"It is entertaining," thought the little prince. "It is rather poetic. But it is of no great consequence."
On matters of consequence, the little prince had ideas which were very different from those of the grown-ups.

[183]

"I myself own a flower," he continued his conversation with the businessman, "which I water every day. I own three volcanoes, which I clean out every week (for I also clean out the one that is extinct; one never knows).

[184]

It is of some use to my volcanoes, and it is of some use to my flower, that I own them. But you are of no use to the stars..."
The businessman opened his mouth, but he found nothing to say in answer. And the little prince went away.

"The grown-ups are certainly altogether extraordinary," he said simply, talking to himself as he continued on his journey.

XIV

[185]

The fifth planet was very strange. It was the smallest of all. There was just enough room on it for a street lamp and a lamplighter. The little prince was not able to reach any explanation of the use of a street lamp and a lamplighter, somewhere in the heavens, on a planet which had no people, and not one house.

[186]

But he said to himself, nevertheless:
"It may well be that this man is absurd. But he is not so absurd as the king, the conceited man, the businessman, and the tippler.

[187]

For at least his work has some meaning. When he lights his street lamp, it is as if he brought one more star to life, or one flower. When he puts out his lamp, he sends the flower, or the star, to sleep. That is a beautiful occupation. And since it is beautiful, it is truly useful."

[188]

When he arrived on the planet he respectfully saluted the lamplighter.
"Good morning. Why have you just put out your lamp?"
"Those are the orders," replied the lamplighter. "Good morning."
"What are the orders?"

[189]

"The orders are that I put out my lamp. Good evening."
And he lighted his lamp again.

"But why have you just lighted it again?"

"Those are the orders," replied the lamplighter.

"I do not understand," said the little prince.

[190]

"There is nothing to understand," said the lamplighter. "Orders are orders. Good morning."

And he put out his lamp. Then he mopped his forehead with a handkerchief decorated with red squares.

[191]

"I follow a terrible profession. In the old days it was reasonable. I put the lamp out in the morning, and in the evening I lighted it again. I had the rest of the day for relaxation and the rest of the night for sleep."

"And the orders have been changed since that time?"

[192]

"The orders have not been changed," said the lamplighter. "That is the tragedy! From year to year the planet has turned more rapidly and the orders have not been changed!"

[193]

"Then what?" asked the little prince.

"Then the planet now makes a complete turn every minute, and I no longer have a single second for repose. Once every minute I have to light my lamp and put it out!"

"That is very funny! A day lasts only one minute, here where you live!"

[194]

"It is not funny at all!" said the lamplighter. "While we have been talking together a month has gone by."

"A month?"

"Yes, a month. Thirty minutes. Thirty days. Good evening."

And he lighted his lamp again. As the little prince watched him, he felt that he loved this lamplighter who was so faithful to his orders.

[195]

He remembered the sunsets which he himself had gone to seek, in other days, merely by pulling up his chair; and he wanted to help his friend.

"You know," he said, "I can tell you a way you can rest whenever you want to..."

"I always want to rest," said the lamplighter.

[196]

   For it is possible for a man to be faithful and lazy at the same time. The little prince went on with his explanation:
"Your planet is so small that three strides will take you all the way around it. To be always in the sunshine, you need only walk along rather slowly.

[197]

   When you want to rest, you will walk   and the day will last as long as you like."
"That doesn't do me much good," said the lamplighter. "The one thing I love in life is to sleep."

[198]

   "Then you're unlucky," said the little prince.
"I am unlucky," said the lamplighter. "Good morning."
And he put out his lamp.
"That man," said the little prince to himself, as he continued farther on his journey, "that man would be scorned by all the others: by the king, by the conceited man, by the tippler, by the businessman.

[199]

    Nevertheless he is the only one of them all who does not seem to me ridiculous.

[200]

    Perhaps that is because he is thinking of something else besides himself."
He breathed a sigh of regret, and said to himself, again:
"That man is the only one of them all whom I could have made my friend.

[201]

    But his planet is indeed too small. There is no room on it for two people..."
What the little prince did not dare confess was that he was sorry most of all to leave this planet, because it was blest every day with 1440 sunsets!

XV

[202]

The sixth planet was ten times larger than the last one. It was inhabited by an old gentleman who wrote voluminous books. "Oh, look! Here is an explorer!" he exclaimed to himself when he saw the little prince co

[203]

The little prince sat c
had already traveled sc
"Where do you come from?" the old gentleman said to him.
"What is that big book?" said the little prince. "What are you doing?"

[204]

"I am a geographer," said the old gentleman.

"What is a geographer?" asked the little prince.

"A geographer is a scholar who knows the location of all the seas, rivers, towns, mountains, and deserts."

[205]

"That is very interesting," said the little prince. "Here at last is a man who has a real profession!" And he cast a look around him at the planet of the geographer. It was the most magnificent and stately planet that he had ever seen.

[206]

"Your planet is very beautiful," he said. "Has it any oceans?"

"I couldn't tell you," said the geographer.

"Ah!" The little prince was disappointed. "Has it any mountains?"

"I couldn't tell you," said the geographer.

[207]

"And towns, and rivers, and deserts?"

"I couldn't tell you that, either."

"But you are a geographer!"

"Exactly," the geographer said. "But I am not an explorer. I haven't a single explorer on my planet.

[208]

It is not the geographer who goes out to count the towns, the rivers, the mountains, the seas, the oceans, and the deserts. The geographer is much too important to go loafing about. He does not leave his desk. But he receives the explorers in his study.

[209]

He asks them questions, and he notes down what they recall of their travels. And if the recollections of any one among them seem interesting to him, the geographer orders an inquiry into that explorer's moral character."

[210]

"Why is that?"
"Because an explorer who told lies would bring disaster on the books of the geographer. So would an explorer who drank too much."
"Why is that?" asked the little prince.

[211]

"Because intoxicated men see double. Then the geographer would note down two mountains in a place where there was only one."

"I know someone," said the little prince, "who would make a bad explorer."

[212]

"That is possible. Then, when the moral character of the explorer is shown to be good, an inquiry is ordered into his discovery."

"One goes to see it?"

"No. That would be too complicated. But one requires the explorer to furnish proofs.

[213]

For example, if the discovery in question is that of a large mountain, one requires that large stones be brought back from it."

The geographer was suddenly stirred to excitement.

"But you you come from far away! You are an explorer! You shall describe your planet to me!"

[214]

And, having opened his big register, the geographer sharpened his pencil. The recitals of explorers are put down first in pencil. One waits until the explorer has furnished proofs, before putting them down in ink.

[215]

"Well?" said the geographer expectantly.
"Oh, where I live," said the little prince, "it is not very interesting. It is all so small. I have three volcanoes. Two volcanoes are active and the other is extinct. But one never knows."

[216]

"One never knows," said the geographer.
"I have also a flower."
"We do not record flowers," said the geographer.
"Why is that? The flower is the most beautiful thing on my planet!"
"We do not record them," said the geographer, "because they are ephemeral."

[217]

"What does that mean 'ephemeral'?"

"Geographies," said the geographer, "are the books which, of all books, are most concerned with matters of consequence.

[218]

 They never become old-fashioned. It is very rarely that a mountain changes its position. It is very rarely that an ocean empties itself of its waters. We write of eternal things."
"But extinct volcanoes may come to life again," the little prince interrupted. "What does that mean 'ephemeral'?"

[219]

 "Whether volcanoes are extinct or alive, it comes to the same thing for us," said the geographer. "The thing that matters to us is the mountain. It does not change."
"But what does that mean 'ephemeral'?" repeated the little prince, who never in his life had let go of a question, once he had asked it.

[220]

 "It means, 'which is in danger of speedy disappearance.'"
"Is my flower in danger of speedy disappearance?"
"Certainly it is."
"My flower is ephemeral," the little prince said to himself, "and

she has only four thorns to defend herself against the world. And I have left her on my planet, all alone!"

[221]

    That was his first moment of regret. But he took courage once more.

"What place would you advise me to visit now?" he asked.

"The planet Earth," replied the geographer. "It has a good reputation."

And the little prince went away, thinking of his flower.

XVI

[222]

    So then the seventh planet was the Earth.

The Earth is not just an ordinary planet! One can count, there, 111 kings (not forgetting, to be sure, the Negro kings among them), 7000 geographers, 900,000 businessmen, 7,500,000 tipplers, 311,000,000 conceited men   that is to say, about

2,000,000,000 grown-ups.

[223]

To give you an idea of the size of the Earth, I will tell you that before the invention of electricity it was necessary to maintain, over the whole of the six continents, a veritable army of 462,511 lamplighters for the street lamps.

[224]

Seen from a slight distance, that would make a splendid spectacle. The movements of this army would be regulated like those of the ballet in the opera.

[225]

First would come the turn of the lamplighters of New Zealand and Australia. Having set their lamps alight, these would go off to sleep. Next, the lamplighters of China and Siberia would enter for their steps in the dance, and then they too would be waved back into the wings.

[226]

After that would come the turn of the lamplighters of Russia and the Indies; then those of Africa and Europe; then those of

South America; then those of North America. And never would they make a mistake in the order of their entry upon the stage. It would be magnificent.

[227]

   Only the man who was in charge of the single lamp at the North Pole, and his colleague who was responsible for the single lamp at the South Pole — only these two would live free from toil and care: they would be busy twice a year.

XVII

[228]

   When one wishes to play the wit, he sometimes wanders a little from the truth. I have not been altogether honest in what I have told you about the lamplighters. And I realize that I run the risk of giving a false idea of our planet to those who do not know it. Men occupy a very small place upon the Earth.

[229]

If the two billion inhabitants who people its surface were all to stand upright and somewhat crowded together, as they do for some big public assembly, they could easily be put into one public square twenty miles long and twenty miles wide. All humanity could be piled up on a small Pacific islet.

[230]

The grown-ups, to be sure, will not believe you when you tell them that. They imagine that they fill a great deal of space. They fancy themselves as important as the baobabs. You should advise them, then, to make their own calculations.

[231]

They adore figures, and that will please them. But do not waste your time on this extra task. It is unnecessary. You have, I know, confidence in me.
When the little prince arrived on the Earth, he was very much surprised not to see any people.

[232]

　He was beginning to be afraid he had come to the wrong planet, when a coil of gold, the color of the moonlight, flashed across the sand.

"Good evening," said the little prince courteously.

"Good evening," said the snake.

[233]

　"What planet is this on which I have come down?" asked the little prince.

"This is the Earth; this is Africa," the snake answered.

"Ah! Then there are no people on the Earth?"

"This is the desert. There are no people in the desert. The Earth is large," said the snake.

[234]

    The little prince sat down on a stone, and raised his eyes toward the sky.

"I wonder," he said, "whether the stars are set alight in heaven so that one day each one of us may find his own again...

[235]

    Look at my planet. It is right there above us. But how far away it is!"

"It is beautiful," the snake said. "What has brought you here?"

"I have been having some trouble with a flower," said the little prince.

[236]

    "Ah!" said the snake.

And they were both silent.

"Where are the men?" the little prince at last took up the conversation again. "It is a little lonely in the desert..."

"It is also lonely among men," the snake said.

The little prince gazed at him for a long time.

[237]

    "You are a funny animal," he said at last. "You are no thicker than a finger..."

"But I am more powerful than the finger of a king," said the snake.

The little prince smiled.

"You are not very powerful. You haven't even any feet. You cannot even travel..."

[238]

"I can carry you farther than any ship could take you," said the snake.

He twined himself around the little prince's ankle, like a golden bracelet.

"Whomever I touch, I send back to the earth from whence he came," the snake spoke again. "But you are innocent and true, and you come from a star..."

[239]

The little prince made no reply.

"You move me to pity you are so weak on this Earth made of granite," the snake said. "I can help you, someday, if you grow too homesick for your own planet. I can "

[240]

"Oh! I understand you very well," said the little prince. "But why do you always speak in riddles?"

"I solve them all," said the snake.

And they were both silent.

XVIII

[241]

    The little prince crossed the desert and met with only one flower. It was a flower with three petals, a flower of no account at all.

"Good morning," said the little prince.

"Good morning," said the flower.

[242]

"Where are the men?" the little prince asked, politely.

The flower had once seen a caravan passing.

"Men?" she echoed. "I think there are six or seven of them in existence. I saw them, several years ago.

[243]

But one never knows where to find them. The wind blows them away. They have no roots, and that makes their life very difficult."

"Goodbye," said the little prince.

"Goodbye," said the flower.

XIX

[244]

After that, the little prince climbed a high mountain. The only mountains he had ever known were the three volcanoes, which came up to his knees. And he used the extinct volcano as a footstool. "From a mountain as high as this one," he said to himself,

[245]

  "I shall be able to see the whole planet at one glance, and all the people..."
But he saw nothing, save peaks of rock that were sharpened like needles.
"Good morning," he said courteously.
"Good morning   Good morning   Good morning," answered the echo.
"Who are you?" said the little prince.

[246]

"Who are you   Who are you   Who are you?" answered the echo.

"Be my friends. I am all alone," he said.

"I am all alone   all alone   all alone," answered the echo.

"What a queer planet!" he thought.

[247]

"It is altogether dry, and altogether pointed, and altogether harsh and forbidding. And the people have no imagination. They repeat whatever one says to them... On my planet I had a flower; she always was the first to speak..."

XX

[248]

But it happened that after walking for a long time through sand, and rocks, and snow, the little prince at last came upon a road. And all roads lead to the abodes of men.

"Good morning," he said.

He was standing before a garden, all a-bloom with roses.

[249]

"Good morning," said the roses.

The little prince gazed at them. They all looked like his flower.

"Who are you?" he demanded, thunderstruck.

"We are roses," the roses said.

And he was overcome with sadness. His flower had told him that she was the only one of her kind in all the universe.

[250]

And here were five thousand of them, all alike, in one single garden!

"She would be very much annoyed," he said to himself, "if she should see that... She would cough most dreadfully, and she would pretend that she was dying, to avoid being laughed at.

[251]

And I should be obliged to pretend that I was nursing her back to life for if I did not do that, to humble myself also, she would really allow herself to die..."

Then he went on with his reflections: "I thought that I was rich, with a flower that was unique in all the world; and all I had was a common rose.

[252]

A common rose, and three volcanoes that come up to my knees and one of them perhaps extinct forever... That doesn't make me a very great prince..."

And he lay down in the grass and cried.

XXI

[253]

It was then that the fox appeared.

"Good morning," said the fox.

"Good morning," the little prince responded politely, although when he turned around he saw nothing.

"I am right here," the voice said, "under the apple tree."

[254]

"Who are you?" asked the little prince, and added, "You are very pretty to look at."

"I am a fox," the fox said.

"Come and play with me," proposed the little prince. "I am so unhappy."

"I cannot play with you," the fox said. "I am not tamed."

[255]

"Ah! Please excuse me," said the little prince.

But, after some thought, he added:

"What does that mean 'tame'?"

"You do not live here," said the fox. "What is it that you are looking for?"

[256]

"I am looking for men," said the little prince. "What does that mean 'tame'?"

"Men," said the fox. "They have guns, and they hunt. It is very disturbing. They also raise chickens.

[257]

These are their only interests. Are you looking for chickens?"

"No," said the little prince. "I am looking for friends. What does that mean 'tame'?"

"It is an act too often neglected," said the fox. "It means to establish ties."

"'To establish ties'?"

[258]

"Just that," said the fox. "To me, you are still nothing more than a little boy who is just like a hundred thousand other little boys. And I have no need of you. And you, on your part, have no need of me. To you, I am nothing more than a fox like a hundred thousand other foxes.

[259]

But if you tame me, then we shall need each other. To me, you will be unique in all the world. To you, I shall be unique in all the world..."

"I am beginning to understand," said the little prince. "There is a flower... I think that she has tamed me..."

[260]

"It is possible," said the fox. "On the Earth one sees all sorts of things."

"Oh, but this is not on the Earth!" said the little prince.

The fox seemed perplexed, and very curious.

"On another planet?"

"Yes."

"Are there hunters on that planet?"

"No."

"Ah, that is interesting! Are there chickens?"

"No."

"Nothing is perfect," sighed the fox.

But he came back to his idea.

[261]

"My life is very monotonous," the fox said. "I hunt chickens; men hunt me. All the chickens are just alike, and all the men are just alike. And, in consequence, I am a little bored. But if you tame me, it will be as if the sun came to shine on my life.

[262]

I shall know the sound of a step that will be different from all the others. Other steps send me hurrying back underneath the ground. Yours will call me, like music, out of my burrow. And then look: you see the grain-fields down yonder?

[263]

I do not eat bread. Wheat is of no use to me. The wheat fields have nothing to say to me. And that is sad. But you have hair that is the color of gold. Think how wonderful that will be when you have tamed me!

[264]

The grain, which is also golden, will bring me back the thought of you. And I shall love to listen to the wind in the wheat..."
The fox gazed at the little prince, for a long time.
"Please tame me!" he said.

[265]

"I want to, very much," the little prince replied. "But I have not much time. I have friends to discover, and a great many things to understand."

"One only understands the things that one tames," said the fox. "Men have no more time to understand anything.

[266]

They buy things all ready made at the shops. But there is no shop anywhere where one can buy friendship, and so men have no friends any more. If you want a friend, tame me..."

"What must I do, to tame you?" asked the little prince.

"You must be very patient," replied the fox.

[267]

"First you will sit down at a little distance from me like that in the grass. I shall look at you out of the corner of my eye, and you will say nothing. Words are the source of misunderstandings. But you will sit a little closer to me, every day..."

The next day the little prince came back.

[268]

"It would have been better to come back at the same hour," said the fox. "If, for example, you come at four o'clock in the afternoon, then at three o'clock I shall begin to be happy. I shall feel happier and happier as the hour advances. At four o'clock, I shall already be worrying and jumping about.

[269]

I shall show you how happy I am! But if you come at just any time, I shall never know at what hour my heart is to be ready to greet you... One must observe the proper rites..."

"What is a rite?" asked the little prince.

[270]

"Those also are actions too often neglected," said the fox. "They are what make one day different from other days, one hour from other hours. There is a rite, for example, among my hunters. Every Thursday they dance with the village girls.

[271]

So Thursday is a wonderful day for me! I can take a walk as far as the vineyards. But if the hunters danced at just any time, every day would be like every other day, and I should never have any vacation at all."

[272]

So the little prince tamed the fox. And when the hour of his departure drew near
"Ah," said the fox, "I shall cry."
"It is your own fault," said the little prince. "I never wished you any sort of harm; but you wanted me to tame you..."
"Yes, that is so," said the fox.

[273]

"But now you are going to cry!" said the little prince.
"Yes, that is so," said the fox.
"Then it has done you no good at all!"
"It has done me good," said the fox, "because of the color of the wheat fields." And then he added:

[274]

"Go and look again at the roses. You will understand now that yours is unique in all the world. Then come back to say goodbye to me, and I will make you a present of a secret."
The little prince went away, to look again at the roses.

[275]

"You are not at all like my rose," he said. "As yet you are nothing. No one has tamed you, and you have tamed no one. You are like my fox when I first knew him. He was only a fox like a hundred thousand other foxes.

[276]

But I have made him my friend, and now he is unique in all the world."
And the roses were very much embarrassed.

"You are beautiful, but you are empty," he went on. "One could not die for you.

[277]

To be sure, an ordinary passerby would think that my rose looked just like you   the rose that belongs to me. But in herself alone she is more important than all the hundreds of you other roses:

[278]

because it is she that I have watered; because it is she that I have put under the glass globe; because it is she that I have sheltered behind the screen; because it is for her that I have killed the caterpillars (except the two or three that we saved to become butterflies);

[279]

because it is she that I have listened to, when she grumbled, or boasted, or even sometimes when she said nothing. Because she is my rose."
And he went back to meet the fox.
"Goodbye," he said.
"Goodbye," said the fox. "And now here is my secret, a very

simple secret:

[280]

 It is only with the heart that one can see rightly; what is essential is invisible to the eye."
"What is essential is invisible to the eye," the little prince repeated, so that he would be sure to remember.

[281]

 "It is the time you have wasted for your rose that makes your rose so important."
"It is the time I have wasted for my rose " said the little prince, so that he would be sure to remember.

[282]

 "Men have forgotten this truth," said the fox. "But you must not forget it. You become responsible, forever, for what you have tamed. You are responsible for your rose..."
"I am responsible for my rose," the little prince repeated, so that he would be sure to remember.

XXII

[283]

"Good morning," said the little prince.

"Good morning", said the railway switchman.

"What do you do here?" the little prince asked.

"I sort out travelers, in bundles of a thousand" , said the switchman.

[284]

"I send off the trains that carry them: now to the right, now to the left."

And a brilliantly lighted express train shook the switchman's cabin as it rushed by with a roar like thunder.

[285]

"They are in a great hurry," said the little prince. "What are they looking for?"

"Not even the locomotive engineer knows that," said the

switchman.

And a second brilliantly lighted express thundered by, in the opposite direction.

"Are they coming back already?" demanded the little prince.

[286]

 "These are not the same ones," said the switchman. "It is an exchange."

"Were they not satisfied where they were?" asked the little prince.

"No one is ever satisfied where he is," said the switchman.

And they heard the roaring thunder of a third brilliantly lighted express.

[287]

 "Are they pursuing the first travelers?" demanded the little prince.

"They are pursuing nothing at all," said the switchman. "They are asleep in there, or if they are not asleep they are yawning. Only the children are flattening their noses against the windowpanes."

[288]

"Only the children know what they are looking for," said the little prince. "They waste their time over a rag doll and it becomes very important to them; and if anybody takes it away from them, they cry..."

"They are lucky," the switchman said.

XXIII

[289]

"Good morning," said the little prince.

"Good morning," said the merchant.

This was a merchant who sold pills that had been invented to quench thirst. You need only swallow one pill a week, and you would feel no need of anything to drink.

[290]

"Why are you selling those?" asked the little prince.

"Because they save a tremendous amount of time," said the

merchant. "Computations have been made by experts. With these pills, you save fifty-three minutes in every week."

[291]

"And what do I do with those fifty-three minutes?"

"Anything you like..."

"As for me," said the little prince to himself, "if I had fifty-three minutes to spend as I liked, I should walk at my leisure toward a spring of fresh water."

XXIV

[292]

It was now the eighth day since I had had my accident in the desert, and I had listened to the story of the merchant as I was drinking the last drop of my water supply.
"Ah," I said to the little prince, "these memories of yours are very charming; but I have not yet succeeded in repairing my plane;

[293]

I have nothing more to drink; and I, too, should be very happy if I could walk at my leisure toward a spring of fresh water!"
"My friend the fox " the little prince said to me.
"My dear little man, this is no longer a matter that has anything to do with the fox!"

[294]

"Why not?"

"Because I am about to die of thirst..."

He did not follow my reasoning, and he answered me:

"It is a good thing to have had a friend, even if one is about to die. I, for instance, am very glad to have had a fox as a friend..."

[295]

"He has no way of guessing the danger," I said to myself. "He has never been either hungry or thirsty. A little sunshine is all he needs..."

But he looked at me steadily, and replied to my thought:

"I am thirsty, too. Let us look for a well..."

[296]

I made a gesture of weariness. It is absurd to look for a well, at random, in the immensity of the desert. But nevertheless we started walking.

When we had trudged along for several hours, in silence, the darkness fell, and the stars began to come out.

[297]

Thirst had made me a little feverish, and I looked at them as if I were in a dream. The little prince's last words came reeling back into my memory:

"Then you are thirsty, too?" I demanded.

But he did not reply to my question. He merely said to me:

"Water may also be good for the heart..."

[298]

I did not understand this answer, but I said nothing. I knew very well that it was impossible to cross-examine him. He was tired. He sat down. I sat down beside him. And, after a little silence, he spoke again:

[299]

"The stars are beautiful, because of a flower that cannot be seen."

I replied, "Yes, that is so." And, without saying anything more, I looked across the ridges of sand that were stretched out before us in the moonlight.

[300]

"The desert is beautiful," the little prince added.

And that was true. I have always loved the desert. One sits down on a desert sand dune, sees nothing, hears nothing. Yet through the silence something throbs, and gleams...

[301]

"What makes the desert beautiful," said the little prince, "is that somewhere it hides a well..."
I was astonished by a sudden understanding of that mysterious radiation of the sands.

[302]

When I was a little boy I lived in an old house, and legend told us that a treasure was buried there. To be sure, no one had ever known how to find it; perhaps no one had ever even looked for it.

[303]

But it cast an enchantment over that house. My home was hiding a secret in the depths of its heart...
"Yes," I said to the little prince. "The house, the stars, the desert what gives them their beauty is something that is invisible!"

[304]

"I am glad," he said, "that you agree with my fox."
As the little prince dropped off to sleep, I took him in my arms

and set out walking once more. I felt deeply moved, and stirred. It seemed to me that I was carrying a very fragile treasure. It seemed to me, even, that there was nothing more fragile on all Earth.

[305]

In the moonlight I looked at his pale forehead, his closed eyes, his locks of hair that trembled in the wind, and I said to myself: "What I see here is nothing but a shell. What is most important is invisible..."
As his lips opened slightly with the suspicion of a half-smile, I said to myself, again:

[306]

"What moves me so deeply, about this little prince who is sleeping here, is his loyalty to a flower   the image of a rose that shines through his whole being like the flame of a lamp, even when he is asleep..."

[307]

And I felt him to be more fragile still. I felt the need of protecting him, as if he himself were a flame that might be extinguished by a little puff of wind...

And, as I walked on so, I found the well, at daybreak.

XXV

[308]

"Men," said the little prince, "set out on their way in express trains, but they do not know what they are looking for. Then they rush about, and get excited, and turn round and round..."
And he added:
"It is not worth the trouble..."

[309]

The well that we had come to was not like the wells of the Sahara. The wells of the Sahara are mere holes dug in the sand. This one was like a well in a village. But there was no village here, and I thought I must be dreaming...

[310]

"It is strange," I said to the little prince. "Everything is ready for use: the pulley, the bucket, the rope..." He laughed, touched the rope, and set the pulley to working. And the pulley moaned, like an old weathervane which the wind had long since forgotten.

[311]

"Do you hear?" said the little prince. "We have wakened the well, and it is singing..."
I did not want him to tire himself with the rope.
"Leave it to me," I said. "It is too heavy for you."

[312]

I hoisted the bucket slowly to the edge of the well and set it there happy, tired as I was, over my achievement. The song of the pulley was still in my ears, and I could see the sunlight shimmer in the still trembling water.

[313]

"I am thirsty for this water," said the little prince. "Give me some of it to drink..."
And I understood what he had been looking for.
I raised the bucket to his lips. He drank, his eyes closed. It was as sweet as some special festival treat. This water was indeed a different thing from ordinary nourishment.

[314]

Its sweetness was born of the walk under the stars, the song of the pulley, the effort of my arms. It was good for the heart, like a present. When I was a little boy, the lights of the Christmas tree, the music of the Midnight Mass, the tenderness of smiling faces, used to make up, so, the radiance of the gifts I received.

[315]

"The men where you live," said the little prince, "raise five thousand roses in the same garden   and they do not find in it what they are looking for."
"They do not find it," I replied.
"And yet what they are looking for could be found in one single rose, or in a little water."

[316]

"Yes, that is true," I said.
And the little prince added:
"But the eyes are blind. One must look with the heart..."
I had drunk the water. I breathed easily. At sunrise the sand is the color of honey. And that honey color was making me happy, too. What brought me, then, this sense of grief?

[317]

"You must keep your promise," said the little prince, softly, as he sat down beside me once more.

"What promise?"

"You know a muzzle for my sheep... I am responsible for this flower..."

[318]

I took my rough drafts of drawings out of my pocket. The little prince looked them over, and laughed as he said:

"Your baobabs they look a little like cabbages."

"Oh!"

I had been so proud of my baobabs!

"Your fox his ears look a little like horns; and they are too long."

And he laughed again.

[319]

"You are not fair, little prince," I said. "I don't know how to draw anything except boa constrictors from the outside and boa constrictors from the inside."

"Oh, that will be all right," he said, "children understand."

So then I made a pencil sketch of a muzzle. And as I gave it to him my heart was torn.

[320]

"You have plans that I do not know about," I said. But he did not answer me. He said to me, instead:

"You know my descent to the earth... Tomorrow will be its anniversary."

Then, after a silence, he went on:

"I came down very near here."

And he flushed.

[321]

And once again, without understanding why, I had a queer sense of sorrow. One question, however, occurred to me:

"Then it was not by chance that on the morning when I first met you a week ago you were strolling along like that, all alone, a thousand miles from any inhabited region?

[322]

You were on your way back to the place where you had landed?"

The little prince flushed again.

And I added, with some hesitancy:

"Perhaps it was because of the anniversary?"

The little prince flushed once more. He never answered

questions   but when one flushes does that not mean "Yes"?

[323]

"Ah," I said to him, "I am a little frightened   "

But he interrupted me.

"Now you must work. You must return to your engine. I will be waiting for you here. Come back tomorrow evening..."

But I was not reassured. I remembered the fox. One runs the risk of weeping a little, if one lets himself be tamed...

XXVI

[324]

Beside the well there was the ruin of an old stone wall. When I came back from my work, the next evening, I saw from some distance away my little prince sitting on top of a wall, with his feet dangling. And I heard him say:

"Then you don't remember. This is not the exact spot."

Another voice must have answered him, for he replied to it:

[325]

"Yes, yes! It is the right day, but this is not the place."

I continued my walk toward the wall. At no time did I see or hear anyone. The little prince, however, replied once again:

" Exactly. You will see where my track begins, in the sand.

[326]

   You have nothing to do but wait for me there. I shall be there tonight."

I was only twenty meters from the wall, and I still saw nothing. After a silence the little prince spoke again:

"You have good poison? You are sure that it will not make me suffer too long?"

[327]

   I stopped in my tracks, my heart torn asunder; but still I did not understand.

"Now go away," said the little prince. "I want to get down from the wall."

I dropped my eyes, then, to the foot of the wall   and I leaped into the air.

[328]

There before me, facing the little prince, was one of those yellow snakes that take just thirty seconds to bring your life to an end. Even as I was digging into my pocket to get out my revolver I made a running step back.

[329]

But, at the noise I made, the snake let himself flow easily

across the sand like the dying spray of a fountain, and, in no apparent hurry, disappeared, with a light metallic sound, among the stones.

I reached the wall just in time to catch my little man in my arms; his face was white as snow.

[330]

"What does this mean?" I demanded. "Why are you talking with snakes?"

I had loosened the golden muffler that he always wore. I had moistened his temples, and had given him some water to drink.

[331]

And now I did not dare ask him any more questions. He looked at me very gravely, and put his arms around my neck. I felt his heart beating like the heart of a dying bird, shot with someone's rifle...

[332]

"I am glad that you have found what was the matter with your engine," he said. "Now you can go back home "

"How do you know about that?"

I was just coming to tell him that my work had been successful, beyond anything that I had dared to hope.

[333]

   He made no answer to my question, but he added:

"I, too, am going back home today..."

Then, sadly

"It is much farther... It is much more difficult..."

I realized clearly that something extraordinary was happening.

[334]

   I was holding him close in my arms as if he were a little child; and yet it seemed to me that he was rushing headlong toward an abyss, from which I could do nothing to restrain him... His look was very serious, like someone lost far away.

"I have your sheep. And I have the sheep's box. And I have the muzzle..."

[335]

  And he gave me a sad smile.

I waited a long time. I could see that he was reviving little by little.

"Dear little man," I said to him, "you are afraid..."

He was afraid, there was no doubt about that. But he laughed lightly.

"I shall be much more afraid this evening..."

[336]

  Once again I felt myself frozen by the sense of something irreparable. And I knew that I could not bear the thought of never hearing that laughter any more. For me, it was like a spring of fresh water in the desert.

"Little man," I said, "I want to hear you laugh again."

But he said to me:

[337]

  "Tonight, it will be a year... My star, then, can be found right above the place where I came to the Earth, a year ago..."

"Little man," I said, "tell me that it is only a bad dream this affair of the snake, and the meeting-place, and the star..."

[338]

  But he did not answer my plea. He said to me, instead:
"The thing that is important is the thing that is not seen..."
"Yes, I know..."
"It is just as it is with the flower. If you love a flower that lives on a star, it is sweet to look at the sky at night. All the stars are a-bloom with flowers..."

[339]

  "Yes, I know..."
"It is just as it is with the water. Because of the pulley, and the rope, what you gave me to drink was like music. You remember how good it was."
"Yes, I know..."
"And at night you will look up at the stars. Where I live everything is so small that I cannot show you where my star is to be found. It is better, like that. My star will just be one of the stars, for you.

[340]

And so you will love to watch all the stars in the heavens... They will all be your friends. And, besides, I am going to make you a present..."

He laughed again.

[341]

"Ah, little prince, dear little prince! I love to hear that laughter!"
"That is my present. Just that. It will be as it was when we drank the water..."
"What are you trying to say?"
"All men have the stars," he answered, "but they are not the same things for different people.

[342]

For some, who are travelers, the stars are guides. For others they are no more than little lights in the sky. For others, who are scholars, they are problems. For my businessman they were wealth. But all these stars are silent. You you alone will have the stars as no one else has them "

[343]

"What are you trying to say?"

"In one of the stars I shall be living. In one of them I shall be laughing. And so it will be as if all the stars were laughing, when you look at the sky at night... You only you will have stars that can laugh!"

And he laughed again.

[344]

"And when your sorrow is comforted (time soothes all sorrows) you will be content that you have known me. You will always be my friend. You will want to laugh with me. And you will sometimes open your window, so, for that pleasure...

[345]

And your friends will be properly astonished to see you laughing as you look up at the sky! Then you will say to them, 'Yes, the stars always make me laugh!' And they will think you are crazy. It will be a very shabby trick that I shall have played on you..."

[346]

And he laughed again.
"It will be as if, in place of the stars, I had given you a great number of little bells that knew how to laugh..."

And he laughed again. Then he quickly became serious:

"Tonight you know... Do not come."

"I shall not leave you," I said.

[347]

  "I shall look as if I were suffering. I shall look a little as if I were dying. It is like that. Do not come to see that. It is not worth the trouble..."

"I shall not leave you." But he was worried.

[348]

  "I tell you   it is also because of the snake. He must not bite you. Snakes   they are malicious creatures. This one might bite you just for fun..."

"I shall not leave you."

But a thought came to reassure him:

"It is true that they have no more poison for a second bite."

[349]

  That night I did not see him set out on his way. He got away from me without making a sound. When I succeeded in catching up with him he was walking along with a quick and resolute step. He said to me merely:

[350]

 "Ah! You are there..."

And he took me by the hand. But he was still worrying.

"It was wrong of you to come. You will suffer. I shall look as if I were dead; and that will not be true..."

I said nothing.

[351]

 "You understand... it is too far. I cannot carry this body with me. It is too heavy."

I said nothing.

"But it will be like an old abandoned shell. There is nothing sad about old shells..."

I said nothing.

[352]

 He was a little discouraged. But he made one more effort:

"You know, it will be very nice. I, too, shall look at the stars. All the stars will be wells with a rusty pulley. All the stars will pour out fresh water for me to drink..."

I said nothing.

[353]

"That will be so amusing! You will have five hundred million little bells, and I shall have five hundred million springs of fresh water..."

And he too said nothing more, because he was crying...

"Here it is. Let me go on by myself."

[354]

And he sat down, because he was afraid. Then he said, again: "You know   my flower... I am responsible for her. And she is so weak! She is so naïve! She has four thorns, of no use at all, to protect herself against all the world..."

I too sat down, because I was not able to stand up any longer. "There now that is all..."

He still hesitated a little; then he got up. He took one step. I could not move.

[355]

There was nothing but a flash of yellow close to his ankle. He remained motionless for an instant. He did not cry out. He fell as gently as a tree falls. There was not even any sound, because of the sand.

XXVII

[356]

And now six years have already gone by... I have never yet told this story. The companions who met me on my return were well content to see me alive. I was sad, but I told them: "I am tired." Now my sorrow is comforted a little. That is to say not entirely. But I know that he did go back to his planet, because I did not find his body at daybreak.

[357]

It was not such a heavy body... and at night I love to listen to the stars. It is like five hundred million little bells...
But there is one extraordinary thing... When I drew the muzzle for the little prince, I forgot to add the leather strap to it.

[358]

He will never have been able to fasten it on his sheep. So now I keep wondering: what is happening on his planet? Perhaps the sheep has eaten the flower...

At one time I say to myself: "Surely not! The little prince shuts his flower under her glass globe every night, and he watches over his sheep very carefully..."

[359]

Then I am happy. And there is sweetness in the laughter of all the stars.

But at another time I say to myself: "At some moment or other one is absent-minded, and that is enough! If on some one evening he forgot the glass globe, or the sheep got out, without making any noise, in the night..."

[360]

And then the little bells are changed to tears...

Here, then, is a great mystery. For you who also love the little prince, and for me, nothing in the universe can be the same if somewhere, we do not know where, a sheep that we never saw has yes or no? eaten a rose...

[361]

Look up at the sky. Ask yourselves: is it yes or no? Has the sheep eaten the flower? And you will see how everything changes...

And no grown-up will ever understand that this is a matter of so much importance!

This is, to me, the loveliest and saddest landscape in the world. It is the same as that on the preceding page, but I have drawn it again to impress it on your memory.

[362]

    It is here that the little prince appeared on Earth, and disappeared.

Look at it carefully so that you will be sure to recognize it in case you travel someday to the African desert. And, if you should come upon this spot, please do not hurry on. Wait for a time, exactly under the star.

[363]

    Then, if a little man appears who laughs, who has golden hair and who refuses to answer questions, you will know who he is. If this should happen, please comfort me. Send me word that he has come back.

[364]

1. It is only with the heart that one can see rightly; what is essential is invisible to the eye." (280강 중에서)

2. What is most important is invisible..." (305강 중에서)

3. And yet what they are looking for could be found in one single rose, or in a little water. (315강 중에서)

[365]

4. But the eyes are blind. One must look with the heart...
(316강 중에서)

5. One runs the risk of weeping a little, if one lets himself be tamed... (323강 중에서)

6. "The thing that is important is the thing that is not seen..."
(338강 중에서)

JEFFSTUDY
어린왕자 다시 읽기

앙투안 드 생텍쥐페리 원작
Jeff 옮김 (제프스터디 대표)

[1]
  여섯 살 적에 나는 원시림에 대해서 쓰인 "자연의 실화"라고 불리는 책에서 멋진 그림 하나를 본 적이 있다. 그것은 한 마리의 동물을 집어삼키고 있는 보아뱀의 그림이었다. 여기에 그 그림의 복사본이 있다. (여기에다가 옮겨 그려보았다.)

[2]
  그 책에는 이렇게 적혀 있었다. "보아뱀은 먹이를 씹지도 않고 통째로 집어삼킨다. 그 후 그것들은 움직일 수가 없고, 소화를 시키기 위해 필요한 6개월 동안 잠만 잔다."

[3]
  나는 정글에서의 모험에 관해 깊이 생각했다. 그리고 색연필로 몇번의 작업한 끝에 나의 첫 번째 그림을 완성할 수 있었다. 나의 그림 1호. 그것은 이런 모습이었다.

[4]

　나는 어른들에게 나의 걸작을 보여 주었고, 그들에게 내 그림이 그들을 놀라게 했는지를 물어보았다. 하지만, 그들은 대답했다: "놀랐냐고? 왜 모자를 보고 놀라야 하는 거니?"

[5]

　내 그림은 모자 그림이 아니었다. 그것은 코끼리를 소화하고 있는 보아뱀의 그림이었다. 그러나 어른들이 그것을 이해하지 못했기 때문에 나는 또 다른 그림을 그렸다. 나는 보아뱀의 안쪽을 그렸다. 그리하여 어른들은 그 그림이 무엇인지를 확실히 알 수 있었다. 어른들에게는 항상 무언가를 설명해 줘야 한다. 나의 그림 2호는 이렇게 보였다.

[6]

　이번에 어른들의 반응은 보아뱀의 안쪽이든 바깥쪽이든 간에 보아뱀 그림은 집어치우고 차라리 지리, 역사, 산수, 그리고 문법 같은 것에 몰두해 보라고 충고해 주는 것이었다.

[7]

　이렇게 해서 나는 여섯 살의 나이의 화가라는 멋진 직업을 가질 기회를 포기했다. 나는 그림 1호와 2호가 실패한 것에 대해 낙담했었다. 어른들은 결코 스스로는 아무것도 이해하지 못한다. 그리고, 아이들이 항상 어른들에게 뭔가를 설명해 주어야 한다는 것은 매우 성가신 일이다.

[8]

　그래서 나는 다른 직업을 선택하기로 마음먹고, 비행기 조종하는 법을 배웠다. 나는 전 세계를 누비고 다녔다. 이때 지리학이 매우 유용했던 건 사실이다. 나는 한번 슬쩍 보고 중국과 애리조나를 구별할 수 있었다. 그러한 지식은 누군가 밤에 길을 잃었을 때 아주 가치가 있게 된다(중요하다).

[9]

　이러한 삶을 살면서 나는 중요한 일들과 관련된 많은 사람과 수많은 만남을 가져왔다. 난 오랫동안 어른들 사이에서 살았다. 나는 가까이에서 그들을 관찰해왔다. 하지만, 그러한 경험이 그들에 대한 나의 생각을 크게 개선하지는 못했다.

[10]
나는 판단력이 있어 보이는 사람을 만날 때면 내가 항상 간직해 오고 있던 나의 그림 1호를 보여주는 실험을 시도했었다. 나는 그 사람이 진정으로 이해력이 있는 사람인지 아닌지를 알고 싶었다. 그러나 누구였든지 간에, 남자이건 여자이건 항상 다음과 같이 대답했다. "이건 모자네!"

[11]
그러면 나는 그 사람에게는 보아뱀이나 원시림이나 별들에 관한 이야기를 절대하지 않았다. 그의 수준에 맞추려고 나 자신을 낮췄다. 나는 대신 다리, 골프, 정치, 넥타이 등에 관해 이야기하곤 했다. 그러면 어른들은 매우 명석한 사람을 만나게 되었다고 기뻐하곤 했다.

[12]
그래서 나는 6년 전에 사하라 사막에서 비행기 사고가 나기 전까지 진정으로 이야기를 나눌 수 있는 상대를 갖지 못한 채 홀로 살아왔다. 내 비행기 엔진에서 무언가가 고장이 났다. 정비사도 승객도 없었기 때문에 나는 혼자서 어려운 비행기 수리를 시도해야 했다.

[13]
그것은 나에게 생사가 걸린 문제였다. 내게는 겨우 일주일 정도 버틸 수 있는 물이 있을 뿐이었다. 첫날밤 나는 사람이 사는 곳으로부터 천 마일 정도 떨어진 모래 위에서 잠이 들었다. 나는 바다 한가운데에서 표류하고 있는 뗏목 위의 난파된 선원보다 더 고립된 상태였다.

[14]
그러니 새벽녘에 이상한 목소리를 듣고 잠에서 깼을 때 내가 얼마나 놀랐을 지 여러분은 상상할 수 있을 것이다. 그 목소리는 말했다. "양 한 마리를 그려 줘!" "뭐라고?" "양 한 마리를 그려 줘." 나는 깜짝 놀라며 벌떡 일어

섰다. 나는 너무 놀라 눈을 연신 깜박거렸다. 내 주변을 유심히 살펴보았다.

[15]
　그리고 나는 매우 특이하게 생긴 조그만 사람이 나를 아주 심각하게 바라보고 있는 것을 보았다. 훗날 내가 그를 그린 초상화 중 가장 잘 그린 것이 이것이다. 하지만, 분명히 나의 이 그림은 실제 모델보다는 훨씬 덜 매력적이다.

[16]
　하지만, 그렇게 된 건(실물보다 덜 매력적으로 그릴 수밖에 없는 건) 나의 잘못이 아니다. 어른들은 내가 여섯 살 때 화가로서 직업을 가지는 것을 포기하게 했다. 그래서 나는 보아뱀 바깥쪽과 안쪽을 제외하고는 아무것도 그리는 것을 배우지 못했다. 나는 너무 깜짝 놀라 눈이 튀어 나갈 것만 같았고, 이 갑작스러운 어린 왕자의 출현을 유심히 보게 되었다.

[17]
　기억해라. 나는 사람이 사는 지역에서 천 마일이나 떨어진 곳에 불시착했었다. 그런데 어린아이는 사막 위에서 길을 잃은 것 같지도 않아 보였고 피로나 배고픔, 목마름이나 두려움 등으로 기절할 것으로 보이지도 않았다. 사람 사는 지역에서 천 마일이나 떨어진 사막 한가운데에서 길을 잃은 어린아이와 같은 모습은 찾아볼 수가 없었다.

[18]
　마침내 내가 말을 할 수 있을 정도로 안정이 되었을 때, 그에게 말했다. "그런데 - 여기서 뭐 하고 있는 거야?" 그러자 그는 매우 중요한 이야기를 하듯이 천천히 다시 되풀이해 말했다." 가능하다면 부탁인데, 양을 한 마리 그려 줘." 신비스러운 일이 사람을 압도하게 되면, 감히 불복종할 수가 없게 되는 법이다.

[19]
　터무니없는 일처럼 보일 수 있겠지만, 나는 생명의 위협을 느끼는 와중에 사람 사는 고장에서 천 마일 떨어진 곳에서 나는 주머니에서 종이 한 장과

만년필을 꺼냈다. 그러나 그때는 나는 지리, 역사, 산수, 문법 등에 내 공부가 오로지 집중되어 왔음을 기억했다. 난 그 어린 녀석에게 약간 심술궂게 그림 그리는 방법을 모른다고 말해버렸다.

[20]
그는 내게 대답했다. "그건 상관없어. 양 한 마리만 그려 줘." 그러나 나는 양은 그려 본 적이 없었다. 그래서 나는 내가 종종 그려왔던 단 두 가지 그림 중의 하나를 다시 그려 주었다. 속이 보이지 않는(바깥 방향에서 바라본) 보아뱀의 그림을 그려준 것이다.

[21]
나는 어린 녀석이 보이는 반응을 보고 몹시 놀랐다: "아냐, 아냐, 보아뱀 속의 코끼리를 원하는 게 아냐. 보아뱀은 아주 위험해. 그리고 코끼리는 부담스러워. 내가 사는 곳은 아주 자그마해. 내가 필요한 것은 양이야. 양을 그려 줘". 그래서, 나는 양을 그려주었다.

[22]
그는 유심히 그림을 바라보았다, 그러고 나서 말했다. "안돼! 그 양은 벌써 병이 들었어. 다시 다른 걸 그려 줘." 나는 또 그렸다. 내 친구는 부드럽고 다정하게 미소를 지어 보였다. "너도 알 거야. 이건 양이 아니야. 이건 숫양이잖아. 뿔이 나 있잖아." 그가 말했다.

[23]
그래서 나는 다시 한번 더 그림을 그렸다. 하지만, 다른 것들과 마찬가지로 거절당했다. "이건 너무 늙었어. 난 오래 살 수 있는 양을 원해." 이때쯤, 나는 엔진을 분해하여 수리를 얼른 해야 했기에 인내심이 바닥이 난 상태였다.

[24]
그래서 나는 이 그림과 함께 대충 설명을 해주었다. "이건 상자일 뿐이야. 네가 요구한 양은 그 안쪽에 있어." 나의 어린 감정가의 얼굴이 환히 밝아지는 걸 보고 나는 깜짝 놀랐다.

[25]

"이게 바로 정확히 내가 원했던 거야! 아저씨는 이 양에게 풀을 많이 주어야 한다고 생각해?" "왜 그런데?" "내가 사는 곳에서는 모든 것이 아주 작거든." "그를 위한 충분한 양의 풀이 있을 거야. 네게 준 건 아주 작은 양이거든." 내가 말했다.

[26]

그는 그림 위로 고개를 숙였다. "그렇게 작지는 않은걸. 봐! 벌써 잠들어 버렸어." 이런 식으로 해서 나는 어린 왕자와 친해지게 되었다.

[27]

내가 그가 어디서 왔는지를 아는 데는 오랜 시간이 걸렸다. 어린 왕자는 내게 수많은 질문을 해댔지만, 정작 내가 그에게 묻는 질문에는 별로 귀를 기울이는 것 같지 않았다. 나에게 모든 것들이 조금씩 드러나게 된 것은 그가 우연히 흘린 말들 덕분이었다.

[28]

예를 들어, 그가 내 비행기를 처음으로 보았을 때(내 비행기는 그리지는 않겠다. 왜냐하면 그것은 나에게는 너무도 복잡한 그림이니까.) 그는 나에게 물었다. "이 물건은 뭐야?" "그건 물건이 아니야. 그건 비행기야. 내 비행기지."

[29]

내가 날 수 있다는 것을 그가 알게 한 것에 대해 자랑스러워했다. 그러자 그는 소리쳤다. "뭐! 아저씨가 하늘에서 떨어졌다고?" "그래." 나는 겸손하게 대답했다. "오! 흥미로운데!" 그리고는 어린 왕자는 사랑스러운 웃음을 터뜨렸는데, 그 웃음은 나를 몹시 짜증나게 했다. 나는 나의 불행이 진지하게 받아들여 지길 바랬다. 그리고는 그가 덧붙였다.

[30]

"그럼 아저씨도 하늘에서 왔구나! 아저씨 행성은 뭐야?" 그 순간 나는 그의 존재의 신비로움을 헤아릴 수 있는 한 줄기 빛을 느끼게 되었고, 불쑥 물었다." 그럼 넌 다른 행성에서 왔니?" 그러나 그는 대답은 하지 않고, 내 비행기로부터 눈을 떼지 않으며 머리를 가볍게 끄덕였다.

[31]

"사실 저걸 타고서 멀리서 오지는 못하지." 그리고는 한참 동안 그는 깊은 생각에 잠겼다. 그러고는 주머니에서 내가 그려 준 양의 그림을 꺼내고서는 그 보물을 심각하게 바라봤다.

[32]

당신은 "다른 행성들"이라는 불확실한 이야기에 나의 호기심이 얼마나 자극되었을지 상상할 수 있을 것이다. 나는 이 문제에 대해서 좀 더 많은 것을 알아내려고 무척이나 노력했다. "얘야, 너는 어디서 왔지? 네가 말하는 '내가 살던 곳'이라니? 너의 양을 어디로 데려가고 싶은 거니?"

[33]

그는 조용히 생각에 잠기고 나서는 대답했다. "아저씨가 내게 준 상자의 좋은 점은 밤에 양이 그걸 자기 집으로 사용할 수 있다는 거야." "그건 그래, 그리고 네가 착하게 굴면, 낮에 양을 묶어 놓을 수 있는 밧줄과 묶어 둘 말뚝도 줄게."

[34]

그러나 어린 왕자는 이 제안에 몹시 놀란 듯했다. "양을 묶으라고! 참 이상한 생각이네." "하지만 매 놓지 않으면 양이 길을 잃어버릴 수도 있을 텐데." 나는 말했다. 그러자 내 친구 어린 왕자는 또다시 웃음을 터뜨렸다. "아저씨는 양이 어디로 갈 수 있다고 생각하는 거야?"

[35]

"어디든지 곧장 앞으로 가겠지." 내 말에 어린 왕자는 진지하게 대답했다. "괜찮아. 내가 사는 곳은 모든 것이 아주 작으니까." 그리고는 조금은 슬픈 표정으로 다시 덧붙여 말했다. "앞으로 곧장 가도, 아무도 그렇게 멀리 갈 수가 없어."

[36]

이렇게 하여 나는 중요한 두 번째 사실을 알게 되었다: 어린 왕자가 온 행성은 집 한 채보다 겨우 조금 더 크다는 것이다! 하지만, 그것은 나에게 놀라운 일은 아니었다. 나는 지구, 목성, 화성, 금성같이 사람들이 이름을 붙여 놓은 큰 행성들 외에도 수백 개의 다른 행성들이 있는데, 그것 중 몇몇은 너무도 작아서 망원경으로도 보기 힘들다는 것을 잘 알고 있었다.

[37]
천문학자가 행성을 발견하면 이름을 붙이지 않고, 번호를 붙여준다. 예를 들어 그는 다음과 같이 말할 것이다. "소행성 325호"

[38]
나는 어린 왕자가 온 행성이 이 소행성 B612라고 믿는 분명한 이유를 가지고 있다. 그 소행성은 딱 한 번 망원경을 통해 보였다. 그것은 1909년에 터키의 천문학자에 의해 이루어졌다.

[39]
천문학자는 발견하자마자 국제 천문학회에서 훌륭한 증명과 함께 그 행성의 발견을 발표했다. 하지만, 그가 터키 전통 옷을 입고 있었기 때문에 아무도 그의 말을 믿어 주지 않았다. 어른들은 늘 이런 식이다.

[40]
하지만 다행히도 소행성 B612와 관련된 명성 덕분에 터키의 한 독재자가 신하들에게 유럽식 옷을 입지 않으면 사형에 처한다고 하는 법을 제정하였다. 그래서 그 천문학자는 1920년에 매우 멋진 스타일의 옷을 입고 다시 한번 증명을 내놓을 수 있게 되었다.

[41]
그러자 이번에는 모든 사람이 그의 보고를 믿었다. 내가 소행성 B612에 관해 이렇게 자세히 이야기하고 그 번호를 알려주는 것은 어른들과 그들의 방식 때문이다. 어른들은 숫자를 좋아한다. 당신이 새로 사귄 친구 이야기를 할 때, 그들은 가장 본질적인 것들에 대해서는 절대 물어보지 않는다.

[42]

 그들은 절대 "그의 목소리는 어떠니? 그 친구가 가장 좋아하는 게임은 뭐니? 나비를 수집하니?"라는 말은 절대로 하지 않는다. 대신에 그들은 질문한다: "나이가 몇이지? 형제는 몇이니? 체중은 얼마나 나가니? 아버지는 얼마나 버시니?"

[43]

 그들은 오직 이런 숫자들만 보고 그에 대해 뭔가 알았다고 생각한다. 만약 당신 어른들에게 "창가에 제라늄 화분이 있고, 붉은색 벽돌로 만들어진 아름다운 집을 봤어요. 지붕에도 비둘기들도 있어요."라고 말한다면, 어른들은 절대 그 집이 어떤 집인지 알 수가 없다. 너는 어른들에게 다음과 같이 말해야 한다.

[44]

 "20,000달러짜리 집을 보았어요." 그러면 어른들은 "아, 참으로 예쁜 집이구나!"라며 소리치게 될 거다.

[45]

 그렇다면 당신은 그들에게(어른들에게) 말할 수 있을 것이다. "어린 왕자가 존재했다는 증거는 그가 매력적이었고, 웃었고, 양 한 마리를 찾고 있었다는 거야. 만약 어떤 사람이 양을 갖고 싶어 한다면 그건 그가 이 세상에 존재하는 증거야" 근데 그들에게 그렇게 말하는 것이 무슨 소용이 있겠는가?

[46]

 그들은 어깨를 한번 으쓱하고는 당신을 어린아이처럼 대할 거야. 하지만, 만약 당신이 다음과 같이 그들에게(어른들에게) 말한다고 생각해보자. "그가 온 행성이 소행성 B612에요." 그러면 그들은 확신하고 질문을 하지 않을 것이다. (당신은 그들이 던지는 질문으로부터 평화로워질 것이다)

[47]

 어른들은 그런 식이다. 어른들의 그런 면에 집착하지는 말자. 아이들은 항상 어른들에게 인내심을 가지고 대해야 한다. 하지만 인생을 진정 이해하고 있는 우리에게 숫자 같은 것들은 별로 중요한 일이 아니다! 나는 이 이야기를 동화처럼 이야기 했어야 했다.(그렇지 못해 후회스럽고 유감스럽다)

[48]
　나는 다음과 같이 말했어야 했다. "옛날 옛적에 자기 몸집과 거의 비슷한 크기의 행성에서 살고 있는 어린 왕자가 있었는데, 그는 양 한 마리를 가지고 싶었습니다." 인생을 이해하는 사람들에게는 그렇게 말하는 것이 훨씬 더 사실인 듯한 느낌을 줄 수 있었을 것이다.

[49]
　왜냐하면 어떠한 사람도 나의 책을 무관심하게 읽는 것을 바라지 않기 때문이다. 이 추억을 꺼내놓으면서 나는 깊은 슬픔 때문으로 고통받는다. 내 친구가 나로부터 그의 양과 함께 떠나가 버린 지도 벌써 6년이란 시간이 흘렀다. 내가 여기서 그를 떠올려 이야기하려고 애쓰는 것은 그를 잊지 않기 위함이다.

[50]
　한 친구를 잊는다는 것은 슬픈 일이다. 모든 사람이 (진실한) 친구를 가지는 것은 아니다. 내가 만약 그를 잊는다면 나 또한 숫자 외에는 흥미가 없는 어른들과 같은 사람이 될지도 모르는 일이다. 내가 그림물감 한 상자와 연필을 산 것은 이러한 목적에서였다. (그를 잊지 않기 위함이었다.)

[51]
　여섯 살 이후로 보아뱀의 겉모습과 내부 모습을 그려본 것 이외에는 그림을 그려 본 일이 없는 내가 이 나이에 다시 그림을 그리려고 하는 것은 정말 힘든 일이다. 나는 가능한 한 실물에 가까운 초상화를 그려 보려고 노력은 할 것이다. 하지만 성공을 확신하지는 않는다.

[52]
　어떤 그림은 그럭저럭 괜찮지만, 또 어떤 그림은 전혀 닮지 않았다. 어린 왕자의 키에 있어서는 잘못 그리기도 했다. 어떤 그림에서는 어린 왕자가

너무 크고 다른 그림에서는 너무 작게 그렸다. 그의 옷 색깔에 대해서는 나 역시 의구심이 든다.

[53]

나는 나름대로 최선을 다해서 그렸고, 좋게도 혹은 나쁘게도 그려졌다. 내가 할 수 있는 한 최선을 다해서 그림을 그렸고, 대부분 그럭저럭 무난하기를 바란다. 좀 더 중요한 부분에서 나는 실수를 저질렀을 수도 있다. 하지만 나의 잘못으로 인한 것이 아닌 그림도 있다.

[54]

내 친구는 그 어떤 설명도 해주지 않았다. 아마도 내가 자기와 비슷하다고 생각했던 것 같다. 하지만, 불행히도 나는 상자 안쪽에 있는 양을 볼 줄 모른다. 나도 조금은 어른들과 비슷한 점이 있는 것 같다. 나도 어느새 나이가 들어버렸나 보다.

[55]

날이 지날수록 어린 왕자와의 대화를 통해 그의 여행, 그가 어떻게 떠나왔는지, 어린 왕자의 행성에 대한 것들을 알게 되었다. 어린 왕자가 주는 정보는 그의 생각으로부터 서서히 우연히 흘러나왔다. (의도하지 않고 내뱉은 어린 왕자의 말에서 조금씩 조금씩 정보를 얻을 수 있었다)

[56]

이런 식으로 해서 사흘째 되는 날 바오밥나무의 재앙(비극)을 듣게 되었다. 이번에도 또다시 양의 덕택이었다. 몹시 궁금한 점이 생긴 듯이 어린 왕자가 불쑥 물었다. "양이 작은 나무를 먹는다는 게 사실이지? 그렇지?"

[57]

"그럼! 사실이야." "아! 그럼, 다행이야!" 나는 양이 작은 나무를 먹는다는 사실이 왜 그리 중요한 사실인지 이해할 수 없었다. 그러나 어린 왕자는 덧붙여 말했다. "그럼 양은 바오밥나무도 먹는거야?"

[58]

나는 어린 왕자에게 바오밥나무는 작은 나무가 아니라, 성만큼이나 큰 나무이고, 한 떼의 코끼리를 데려간다고 하더라도 그 코끼리 떼가 바오밥나무 한 그루도 다 먹어 치우지 못할 것이라고 말해주었다.

[59]
한 떼의 코끼리라는 말에 어린 왕자를 웃었다. "코끼리들을 한 마리씩 위로 포개 놓아야겠네." 그가 말했다. 그런데 그가 현명한 대답을 했다. "바오밥나무도 처음엔 작잖아?"

[60]
"엄밀히 말하면 그렇지! 나는 말했다. "그런데 왜 양이 바오밥나무를 먹었으면 하는 거야?" 어린 왕자가 즉시 대답했다. "오! 이봐요!" 어린 왕자는 그게 자명한 사실이라는 듯 말했다.

[61]
그래서 나는 아무런 도움 없이 그 의문점을 풀기 위해 엄청난 정신적인 노력을 기울여야 했다. 정말 어린 왕자가 사는 행성에는 다른 모든 행성과 마찬가지로 좋은 나무와 나쁜 나무가 있었다.

[62]
결과적으로 거기에는 좋은 나무로부터는 좋은 씨앗이 있고, 나쁜 나무에는 나쁜 씨앗이 있었다. 그러나 씨앗은 눈에 보이지 않는다. 그것 중 어느 하나가 잠에서 깨어나고 싶어 하는 욕망에 사로잡히기 전까지 그것들은 땅 속 깊은 곳에 조용히 잠들어 있다.

[63]
그러면 그것은 기지개를 켜고 – 처음에는 소심하게 기지개를 켜고 – 아무에게도 해가 되지 않도록 매력적인 작은 싹을 태양을 향해 틔우기 시작한다. 그것이 만약 무나 장미 덤불의 싹이라면 원하는 장소 어디서나 자라나도록 내버려 둔다.

[64]

하지만 나쁜 나무일 경우라면 가능한 한 빨리 알아채는 첫 순간에 다 뽑아 버려야 한다. 하지만, 어린 왕자의 집이 있는 별에는 나쁜 씨앗들이 있었다. 그것들은 바오밥나무의 씨앗이었다.

[65]
그 행성의 땅은 그것들(바오밥나무)의 씨앗들로 가득했다. 그런데 네가 너무 늦게 바오밥나무에 신경쓰게 되면, 절대 바오밥나무를 없앨 수 없다. 바오밥나무는 걷잡을 수 없이 퍼져버린다. 뿌리로 행성에 구멍을 뚫어 버린다. 그래서 행성은 너무 작은데 바오밥나무가 너무 많으면 행성이 산산조각 나버리는 것이다.

[66]
"그건 훈련의 문제야." 나중에 어린 왕자가 나에게 말했다. "네가 아침에 화장하고 나면 마찬가지로 정성 들여서 행성의 몸단장을 해주어야 해. 나무는 어릴 때는 장미 덤불과 매우 유사한데, 그것이 커서 장미 덤불과 구별될 때 초기에 바로바로 뽑아버려야 해.

[67]
"그것은 매우 지루한 일이지만 쉬운 일이기도 해." 어린 왕자가 덧붙여 말했다. "아저씨가 사는 행성에 사는 어린아이들이 모든 일이 어떻게 돌아가고 있는지 알 수 있도록 예쁜 그림을 하나 그려야 해."

[68]
"언젠가 어린아이들이 여행할 때, 그것이 도움이 될 수도 있을 거야." 그는 덧붙였다. "할 일을 뒤로 미루는 것이 때로는 해가 되지 않을 수 있지. 하지만 바오밥나무 문제의 경우에는 그랬다가는 언제나 큰 비극이 뒤따르게 돼."

[69]
"난 게으름뱅이가 살고 있는 행성을 알고 있었어. 그는 작은 나무 세 그루를 내버려 두었어." 그래서 어린 왕자가 알려 주는 대로 나는 그 행성을 그렸다. 나는 도덕주의자 같은 투로 말하는 것을 좋아하지 않는다.

[70]

　그러나 바오밥나무의 위험이 거의 알려지지 않고, 소행성에서 길을 잃게 될 사람이 겪을 위험은 너무도 크기 때문에, 이번 한 번은 침묵을 깨고 말하려 한다. "어린이 여러분! 바오밥나무를 조심하세요!" 나는 분명히 말했다. 내 친구들은 나처럼 오랫동안 알지도 못한 채로 이런 위험을 피해 왔었다. 그래서 내가 이 그림을 그리는 것에 열심인 것은 그들을 위해서이다.

[71]

　내가 이런 방식으로 전하는 교훈은 이 그림을 그리느라 내가 고생한 만큼의 가치가 있다. 여러분에게는 내게 물을 것이다. "이 책에는 왜 바오밥나무의 그림만큼 장엄하고 멋진 그림들이 없나요?"

[72]

　그 대답은 간단하다. 나는 나름 노력했다. 하지만, 다른 작품에서는 그리 성공적이지 못했다. 바오밥나무를 그릴 때는 절실한 필요성을 느껴 영감을 받아 내 자신의 한계를 뛰어넘어 그림을 그려냈다.

[73]

　오! 어린 왕자여, 나는 너의 슬픈 인생의 비밀을 조금씩 조금씩 알게 되었어. 오랫동안 너는 일몰을 바라보는 고요한 즐거움만을 가졌었어. 나흘째 되는 아침에, 네가 내게 이렇게 말했을 때 나는 그 새로운 사실을 알게 되었어.

[74]

　"나는 일몰을 좋아해. 아저씨 나랑 같이 해지는 걸 보러 가자" "기다려야 해." 내가 대답했다. "뭘 기다려?" "일몰을 보기 위해 해가 지기를 기다려야 해." 처음에 너는 몹시 놀라는 듯했으나, 곧 자기 말이 우스운 듯 웃음을 터뜨렸지. 그러고는 나에게 말했어.

[75]

　"난 내가 우리 집에 있다고 항상 생각해." 그렇다. 모두 사람들이 미국에서 정오일 때 프랑스에서는 해가 진다라는 사실을 알고 있다. 프랑스로 1분 안에 날아갈 수만 있다면 바로 정오에 해가 지는 광경을 볼 수 있을 것이다. 그러나 불행히도 프랑스는 너무나 멀리 떨어져 있다.

[76]
　그러나 너의 작은 별에서는 네가 해야 할 일은 의자를 몇 발짝 뒤로 물려 놓는 것이지. 그래서 네가 언제나 원할 때면 언제나 해가 지고 뜨는 것을 바라볼 수 있었지. "어느 날 난 해가 지는 걸 마흔네 번이나 보았어!" 잠시 후 너는 덧붙여 말해주었지.

[77]
　"있잖아, 누가 일몰을 좋아하는 것은 그 사람이 슬플 때야." 난 물었다. "마흔 세 번 본 날 그럼 너는 몹시 슬펐던 거야?" 그러나 어린 왕자는 아무런 대답이 없었다.

[78]
　닷새째 되는 날 — 역시나, 언제나 그랬듯이 양 덕분에 — 작은 왕자의 삶의 비밀이 내게 드러났다. 밑도 끝도 없이 불쑥, 마치 오랜 침묵 속에서 문제를 깊이 고민한 끝에 나온 질문인 것처럼 그가 물었다:

[79]
　"양은 작은 나무를 먹을 수 있다면 꽃도 역시 먹겠지?" 나는 대답했다. "양은 아무거나 닥치는 대로 먹어." "가시가 있는 꽃도 먹어?" "그럼. 가시가 있는 꽃도 먹고말고." "그럼 가시는 무슨 소용이 있어?" 나도 그 사실은 알지 못했다. 그때 나는 내 엔진에 꽉 끼어 버린 나사를 풀려고 안간힘을 쓰느라 너무 바빴다.

[80]
　비행기의 고장이 매우 심각하다는 것이 명확해지고 있어 나는 극도로 불안했다. 그리고 나는 마실 물도 부족했기 때문에 최악의 상황을 걱정해야 했다. "가시들은 무엇에 쓰는 거지?"

[81]
　어린 왕자는 일단 질문을 하면, 그 질문을 절대 놓치는 법이 없다. 나는 볼트 때문에 몹시 화가 나 있었다. 나는 무성의하게 머리에 떠오르는 대로 아무렇게나 대답해 버렸다. "가시는 아무 쓸모가 없어. 꽃들이 그저 심술부리는 거지."

[82]
　"오!" 잠시 완전한 침묵의 시간이 흘렀다. 어린 왕자는 화가 난 듯이 나에게 톡 쏘아붙이며 말했다. "그건 거짓말이야! 꽃들은 연약해. 순진하다고. 꽃들은 그들이 할 수 있는 최선의 방식으로 자신을 보호하는 거야. 그들은 자신들의 가시가 무서운 존재가 된다고 믿어."

[83]
　나는 아무 대답도 하지 않았다. 그 순간 나는 "이 볼트가 계속 돌아가지 않으면 망치로 두들겨 부숴 버려야겠어."라고 생각하고 있었다. 어린 왕자는 또다시 내 생각을 방해했다. "아저씨는 정말로 믿고 있어? 꽃이 말이야…"

[84]
　"그만해! 안돼!" 나는 소리쳤다. "난 되는대로 아무거나 머리에 떠오른 대로 대답했을 뿐이야. 안 보여? 난 지금 정말 중요한 일을 하느라 바빠!" 그는 깜짝 놀란 모습으로 나를 바라보았다. "중대한 일이라고?" 망치를 손에 들고서 손가락 은 시커멓게 기름 투성이가 된 채로, 그에게는 매우 못생겨 보이는 물체(비행기) 위로 몸을 구부리고 있는 나의 모습을 물끄러미 바라보고 있었다.

[85]
　"아저씨는 어른들처럼 말하네. 그 말은 나를 부끄럽게 만들었다. 그런데도 그는 사정없이 말을 계속했다. "아저씨는 모든 걸 혼동하고 있어. 모든 걸 혼동하고 있다고!"

[86]
　그는 정말로 화를 냈다. 바람에 온통 금빛인 그의 머리칼이 흩날리고 있었다. "나는 얼굴이 빨간 신사가 살고 있는 행성을 알고 있어. 그는 꽃향기

를 맡아본 적이 없지."

[87]

　그는 별을 바라본 적도 없고. 아무도 사랑해 본 일도 없어. 그는 오로지 일생을 계산만 하면서 살아왔어. 그래서 하루 종일 아저씨처럼 "나는 중대한 일을 하느라 몹시 바빠."라고, 말하지.

[88]

　그렇게 말하는 것이 그를 교만함으로 가득 차게 만들지. 하지만 그는 사람이 아니야. 버섯이야 "뭐라고?" "버섯이라고!" 어린 왕자는 이제 너무 화가 나서 얼굴이 하얗게 질려 있을 지경이었다. "수백만 년 동안 꽃들은 가시를 만들어왔어. 마찬가지로 양도 수백만 년 전부터 꽃을 먹어 왔지."

[89]

　그런데 아무런 쓸모없는 가시를 만들어 내느라 꽃들이 애쓰는 이유를 아는 것이 중요한 일이 아니라는 거야? 양과 꽃들의 전쟁은 중요한 게 아니라는 거야? 그건 빨간 얼굴의 뚱뚱한 신사의 덧셈 계산보다 더 중요한 건 아니라는 거지?

[90]

　그래서 내 행성 말고는 아무 데서도 자라나지 않고, 세상에서 유일한 꽃이 하나 있어. 근데 양 한 마리가 자신이 무슨 일을 하는지도 모른 채 하루아침의 한입에 베어 물어버려 그 꽃을 파괴해 버릴 수도 있다는 사실을 내가 알고 있어. 오! 그따위 사실은 중요하지 않다는 거지?

[91]

　그의 얼굴은 말을 계속함에 따라 빨갛게 변해갔다. "수억 개의 행성 중에 단 하나밖에 존재하지 않는 꽃을 사랑하고 있는 사람은 그저 그 별들을 바라보고 있는 것만으로도 행복해지지."

[92]

　그는 속으로 '어딘가에 내가 꽃이 있겠지' 하고 생각할 수 있거든. 하지만 양이 그 꽃을 먹어버린다면 한순간에 그에게는 갑자기 모든 별이 사라져 버리게 되는 것이지. 그런데도 그게 별로 중요하지 않다는 거야?" 그는 더 이상 아무 말도 하지 못했다. 그는 흐느껴 울기 시작했다.

[93]
밤이 되었다. 나는 손에서 연장을 내려놓았다. 이 순간 망치, 볼트, 목마름, 죽음 따위가 도대체 무슨 의미인가? 하나의 별, 나의 행성인 지구에 위로 받아야 할 어린 왕자가 있었다. 나는 그를 두 팔로 껴안고 그를 부드럽게 흔들면서 말했다.

[94]
"네가 사랑하는 꽃은 위험하지 않아. 너의 양에게 입마개를 그려 줄게." 내가 네 꽃 주위를 두를 울타리를 그릴 거야. 나는 더 이상 그에게 무슨 말을 해야 할지 알 수 없었다. 나는 어색했고 무척 서투르게 느껴졌다. 어떻게 그에게 다가서고 어디에서 그를 따라가 다시 한번 손을 잡고 함께 나아갈 수 있을지(보조를 맞출 수 있을지) 알 수 없었다. 그래서 다시 한번 그의 손을 잡았다. 눈물의 나라란 신비로운 곳이다.

[95]
나는 곧 그 꽃에 대해서 더 많은 것을 알게 되었다. 어린 왕자의 행성에 있는 꽃은 예전부터 단순했다. 그것들은 오직 한 개의 꽃잎만을 가지고 있었다. 그것들은 공간을 거의 차지하지 않았고 누구에게도 해가 되지 않았다.

[96]
그러던 꽃들은 어느 날 아침에 풀밭에 피어나곤 했다가 저녁이면 시들어 버리곤 했다. 그런데 바람에 날려온 씨앗으로부터 어딘지 아무도 모를 곳에서 꽃이 피었다. 그래서 어린 왕자는 그의 행성에 있는 다른 싹들과는 달라 보이는 이 싹을 유심히 관찰했다.

[97]
그것은 새로운 종류의 바오밥 나무일 수도 있었습니다. 그 작은 나무는

곧 성장을 멈추고 꽃을 피우기 위한 준비를 시작했습니다.
[98]
　커다란 꽃봉오리가 처음 피어나는 순간 자리에 있었던 어린 왕자는 거기에서 어떤 기적 같은 것이 나타나리라고 느끼고 있었다. 그러나 그 꽃은 초록색 방의 안식처에서 아름다움을 위한 준비만 하는 것에 만족하지 않았다.

[99]
　그녀(꽃)는 매우 세심하게 색깔을 고르고 있었다. 그녀는 천천히 옷을 입고 꽃잎을 하나씩 다듬고 있었다. 그 꽃은 양귀비꽃처럼 헝클어진 모습으로 세상에 모습을 나타내고 싶어 하지 않았다. 그녀가 나타나기를 원했을 때는 자신의 아름다움이 최고로 빛을 발할 때였다.

[100]
　아! 그 꽃은 참으로 요염했다. 그의 신비로운 몸단장은 며칠 동안 계속되었다. 그리하여 어느 날 아침, 바로 해가 떠오르자마자, 그 꽃은 갑작스레 모습을 드러냈다. 그런데 그토록 꼼꼼히 몸치장을 한 그 꽃은 하품을 하며 말하는 것이었다.

[101]
　"아! 겨우 막 잠이 깼답니다. 부디 용서해 주시길 바래요. 제 꽃잎들이 아직도 온통 헝클어져 있네요." 어린 왕자는 그때 감탄하지 않을 수 없었다. "참으로 아름다우시군요!" "그렇죠? 그리고 난 태양과 함께 태어났답니다." 꽃이 사랑스럽게 대답했다.

[102]
　어린 왕자는 그 꽃이 그다지 겸손하지는 않음을 쉽게 알 수 있었다. 하지만 그 꽃은 너무나 생동감 있고 흥미진진한 존재였다! "아침식사 할 시간이군요." 잠시 후 그 꽃이 다시 말했다. "부탁인데요, 제가 필요로 하는 것을 생각해 주실 수 있으세요?"

[103]
　어린 왕자는 몹시 당황하여 신선한 물이 담긴 물뿌리개를 찾으러 갔다.

그리고, 그 꽃을 돌보아 주었다. 꽃은 태어나자마자 사실상 다루기 꽤 힘든 존재인 양 까다로운 허영심으로 그를 괴롭히기 시작했다.

[104]
　어느 날은 자기가 가진 네 개의 가시에 관해 이야기할 때 어린 왕자에게 이렇게 말했다. "호랑이들이 발톱을 세우고 오게 해도 좋아요!" "내 별에 호랑이들은 없어요. 그리고 어쨌든 호랑이들은 잡초를 먹지도 않고요." 어린 왕자가 말했다.

[105]
　"저는 잡초가 아니에요.." 그 꽃이 상냥하게 대답했다. "용서해 주세요." "난 호랑이는 전혀 무섭지 않지만 바람은 두려워요. 혹시 바람막이 가지고 있지 않으세요?"

[106]
　"바람을 무서워 하다니요. 식물로서는 참 안된 일이네요."라고 말했다. 그리고 어린 왕자는 '속으로 생각했다 이 꽃은 아주 까다로운 식물이군.'. "저녁에는 나에게 유리 덮개를 씌워 주세요. 당신이 살고 있는 이곳은 정말 추워요. 하지만 내가 살던 그곳에는…"

[107]
　그러나 꽃은 그 시점에서 스스로 멈추었다. 그 꽃은 씨앗의 형태로 여기에 왔다. 다른 세상에 대해서는 아는 게 하나도 없다. 그런 뻔한 거짓말을 하려다 들통난 게 부끄러워져 어린 왕자에게 잘못을 돌리기 위해 기침을 두세 번 했다.

[108]
　"바람막이 있으세요?" "지금 막 찾아보려는 참이었는데 당신이 말을 계속해서요…" 그러자 그 꽃은 어린 왕자에게 양심의 가책을 느끼게 하려고 조금 더 심하게 기침했다.

[109]

그리하여 어린 왕자는 사랑에서 우러나온 선의에도 불구하고 곧 꽃을 의심하기 시작했다. 그는 대수롭지 않은 말들을 심각하게 받아들였고, 그것으로 인해 몹시 불행해졌다.

[110]
"꽃이 하는 말에 귀를 기울이지 말아야 했어. 꽃들의 말엔 절대로 귀를 기울이면 안 되는 거였는데." 그는 내게 털어놓았다. "그저 바라보고 향기를 맡기만 해야 해. 내 꽃은 내 행성의 모든 곳에 향기를 냈어."

[111]
그런데도 나는 꽃의 우아함 속에서 기쁨을 즐기는 법을 몰랐어. 그 호랑이 발톱 이야기에 짜증이 나기도 했지만 실은 다정해하고 측은해했어야 옳았던 거야."

[112]
그는 비밀이야기를 계속했다. "사실 난 나는 그때 아무것도 이해할 수 없었어. 나는 그 꽃의 말이 아니라 행동을 보고 판단했어야만 했어. 그 꽃은 나에게 향기와 광채를 줬어.

[113]
"나는 절대 꽃으로부터 도망치지 말았어야 했어. 꽃의 서툰 꾀의 뒤에 숨겨진 모든 애정을 깨달았어야 했는데… 꽃들은 정말 모순덩어리야! 하지만 난 사랑하는 방법을 알기에는 너무 어렸던 것 같아."

[114]
나는 어린 왕자가 행성을 떠나오는 데 철새들의 이동을 이용했다고 믿는다. 떠나는 날 아침 그는 자기 행성을 잘 정돈해 놓았다. 그는 활화산들을 조심스레 잘 청소했다.

[115]
그는 두 개의 활화산을 가지고 있었고, 아침 식사를 데우는데 매우 편리했다. 그는 또한 꺼져버린 화산도 하나 가지고 있었다. 그러나 그가 말했듯

이 "어떻게 될지 아무도 알 수 없는 일이지". 그래서 그는 불 꺼진 화산도 잘 청소해 두었다.

[116]
화산들은 잘 청소되어 있으면 폭발하지 않고 서서히 그리고 꾸준히 타오른다. 화산의 폭발은 벽난로의 불과 마찬가지다. 물론 우리 지구에서는 인간들이 너무나 작아서 화산을 청소할 수가 없다. 그래서 화산이 끊임없이 우리에게 문제를 일으키는 것이다.

[117]
어린 왕자는 약간 낙담한 심정으로 바오밥나무의 마지막 싹들을 뽑았다. 그는 다시는 돌아오고 싶지 않을 거라 믿었다. 그런데 친숙한 그 모든 일들이 그날 아침에는 매우 소중하게 느껴졌다.

[118]
그래서 그 꽃에 마지막으로 물을 주고 유리 덮개를 씌워 주려고 할 때, 그는 금방이라도 울고 싶은 심정인 걸 깨달았다. "잘 있어." 그는 꽃에 말했다. 그러나 그녀는(꽃) 대답하지 않았다. "잘 있어." 그가 다시 말했다.

[119]
꽃은 기침을 했다. 하지만 그녀가 감기에 걸렸기 때문이 아니었다. "내가 어리석었어요. 용서해 주세요. 행복해지려고 노력하길 바래요." 꽃이 그에게 말했다.

[120]
어린 왕자는 그를 원망하지 않는 말투에 놀랐다. 그는 유리 덮개를 손에 든 채로 어쩔 줄 모르고 어리둥절한 채로 거기 서 있었다. 꽃의 그 조용한 상냥함을 이해할 수 없었다. "물론이에요, 난 당신을 사랑해요." 꽃이 그에게 말했다.

[121]
"당신이 오랫동안 그 사실을 몰랐던 것은 제 잘못이에요. 그건 중요한 일

이 아니에요. 하지만 당신도 나와 마찬가지로 어리석었어요. 행복해지려고 노력해 보세요. 유리 덮개는 그냥 내버려 두세요. 그런 건 이제 필요 없어요."

[122]
"하지만 바람이…" "내 감기는 그렇게 심하지 않아요.. 선선한 밤공기는 내기에 좋아요. 나는 꽃이니까요." "하지만 짐승들이…" "나비들과 가깝게 지내고 싶으면 두세 마리 정도의 애벌레는 견뎌야 해요."

[123]
"나비는 무척 아름다운 보여요. 그리고 나비나 애벌레가 아니라면 누가 나에게 들러주겠어요? 당신은 멀리 가 버릴 거예요. 커다란 동물들을 전 두려워하지 않아요. 난 발톱이 있으니까요."

[124]
그러면서 꽃은 순진하게 네 개의 가시를 보여주었다. 그리고 다시 말을 이었다. "그렇게 우물쭈물하고 있지 말아요. 당신은 떠나기로 결심했으니 어서 가요." 꽃은 울고 있는 자기 모습을 어린 왕자에게 보이고 싶지 않았다. 그녀는 정말 자존심이 강한 꽃이었다.

[125]
그는 소행성 325호, 326호, 327호, 328호, 329호, 330호의 근처에 있음을 알았다. 그래서 견문을 넓히기 위해 그것들을 방문해 보기로 했다. 첫 번째 소행성에는 왕이 살고 있었다.

[126]
그 왕은 자줏빛의 담비모피 옷을 입고서 매우 간소하면서도 위엄 있는 왕좌에 앉아 있었다. "아! 신하가 한 명 왔구나!" 어린 왕자가 오는 것을 보자 왕이 소리쳤다.

[127]
그리고 어린 왕자는 스스로 물어보았다. "나를 이전에 한 번도 본 적이 없

는데 어떻게 나를 알아보지?" 왕들에게는 세상이 아주 단순하다는 사실을 그는 알지 못했다. 그들에게는 모든 사람이 다 신하이다.

[128]
"내가 너를 좀 더 잘 볼 수 있게 가까이 다가오라."마침내 누군가의 왕이 된 것이 자랑스러워진 왕이 말했다. 어린 왕자는 앉을 자리를 찾기 위해서 주변을 둘러보았다. 하지만, 그 소행성은 흰 담비 모피의 그 호화스러운 망토로 완전히 다 덮여 있었다.

[129]
그래서 그는 똑바로 서 있었다. 그리고 피곤하여 하품했다. "왕의 앞에서 하품하는 것은 예절에 어긋나는 행동이다. 하품하는 것을 금지하노라."왕이 말했다.

[130]
"이제 어쩔 수 없어요. 멈출 수가 없어요."어린 왕자가 부끄러워하며 대답했다. "나는 긴 여행을 해왔고, 잠도 못 잤어요..."그렇다면 네게 하품하는 걸 명하노라. 누군가가 하품하는 걸 본 지도 여러 해가 흘렀구나."

[131]
"하품하는 것이 내게는 신기한 구경거리이구나. 자! 또 하품을 하라. 명령이니라."왕이 말했다. "그렇게 말씀하시니까 놀라서 하품이 나오지 않아요." 얼굴을 붉히며 어린 왕자가 중얼거렸다.

[132]
"어흠! 이런! 그렇다면 짐이…짐이 명하노라. 어떤 때는 하품을 하고 또 어떤 때는…." 하고 왕이 대답했다. 그는 뭐라고 중얼중얼거렸고, 화가 난듯했다. 왜냐하면 왕이 근본적으로 요구한 것은 그의 권위가 존중되는 것이었기 때문이다.

[133]
왕에게 불복종은 용서할 수 없는 것이었다. 그는 절대 군주였다. 하지만

그는 착한 사람이었으므로 그의 명령을 합리적으로 만들었다. "만약에 짐이 어떤 장군에게 갈매기로 변하라고 명령한다면, 그런데 장군이 이 명령에 복종하지 않는다면 그건 장군의 잘못이 아니니라."

[134]

"그건 짐의 잘못이니라." "저 앉아도 될까요?" 어린 왕자가 조심스레 물었다. "네가 앉기를 명하노라." 왕이 대답했다. 그러고는 흰 담비 모피로 된 망토 한 자락을 위엄 있게 걷어 올렸다.

[135]

그러나 어린 왕자는 궁금해했다. 행성은 너무나 작았다. 왕이 도대체 무엇을 다스린다는 거지? "폐하, 한 가지 여쭈어봐도 좋을까요." 어린 왕자가 말했다. "네게 질문을 허락하노라." 왕이 그를 안심시키기 위해 서둘러 대답했다. "폐하, 폐하께서는 무엇을 다스리고 계신 건가요?"

[136]

"모든 것을 다스리노라." 간단하게 왕이 대답했다. "모든 것을요?" 왕은 그의 행성과 다른 행성과, 그 밖의 모든 별을 가리켰다.

[137]

"그 모든 것을요?" 어린 왕자가 물었다. "그 모든 것을 다스리노라." 왕이 대답했다. 그의 통치는 절대적이었을 뿐만 아니라, 온 우주를 다스렸다. "그럼 별들도 폐하에게 복종하나요?" "물론이니라. 즉각 복종하노라. 짐은 불복종을 허락하지 않는다." 왕이 말했다.

[138]

그런 권력은 어린 왕자가 경이롭게 여길만한 것이었다. 어린 왕자도 그런 완전한 권력을 가졌다면 의자를 움직일 필요도 없이 하루에 마흔네 번 아니라, 일흔두 번, 아니 백 번 이백 번이라도 일몰을 볼 수 있을지도 모른다.

[139]

그러고는 버리고 온 그의 작은 행성에 대한 추억 때문에 조금 슬퍼진 어린 왕자는 용기를 내어 왕에게 간청했다.

[140]
"저는 일몰을 보고 싶습니다. 제발 그렇게 해 주세요. 해가 지도록 명령해 주세요." "만약 짐이 어떤 장군에게 나비처럼 이 꽃에서 저 꽃으로 날아다니거나, 비극적인 작품을 한 편 쓰라고 명령하거나 혹은 갈매기로 변하도록 명령했는데, 그 장군이 그 명령을 받고 복종하지 않는다면 우리 중 누가 잘못된 것인가?"

[141]
"그의 잘못인가? 짐이 잘못된 것인가?" "폐하의 잘못입니다." 어린 왕자가 명료하게 대답했다. "바로 그거이니라. 누구에게든 그가 해낼 수 있는 무언가를 요구해야 하는 법이니라." 왕이 계속 말했다.

[142]
"권위는 무엇보다도 이치에 합당해야 한다. 만일 내가 너의 백성에게 바다에 몸을 던지라고 명령한다면 그들은 혁명을 일으킬 것이니라. 내가 복종을 요구할 권한을 가지게 되는 것은 나의 명령들이 이치에 맞기 때문이니라." "그럼 제가 해지는 것을 보게 해달라고 부탁한 것은요?" 한 번 한 질문은 절대 잊어버리는 법이 없는 어린 왕자가 다시 한번 왕을 상기시켰다.

[143]
"너는 일몰을 보게 될 것이다. 짐이 명령하겠노라. 하지만 내 통치 철학에 따라 조건이 갖추어질 때까지 기다리겠노라." "언제쯤 될까요?" 어린 왕자가 물었다. "에헴, 에헴!" 왕이 대답했다. 그리고 다른 것을 이야기하기 전에 그는 커다란 연감(달력 같은 것)을 살펴보았다.

[144]
"흠, 흠! 대략 오늘 저녁…. 오늘 저녁…. 일곱 시 사십 분이니라. 그럼 짐의 명령이 얼마나 잘 이행되는지 너는 보게 될 것이다." 왕이 대답했다. 어린 왕자는 하품했다. 해지는 것을 못 보게 된 것을 아쉬워했다. 그리고 조금씩 지루해지기 시작했다.

[145]

"이제 저는 여기서 더 이상 할 일이 없군요. 다시 가던 길을 가 보겠습니다!" "떠나지 말라. 떠나지 말라. 너를 대신으로 삼겠노라!" 신하를 가지게 된 것을 자랑스럽게 여기던 왕이 대답했다. "가지 마라, 너를 대신으로 삼겠노라!"

[146]

"무슨 대신이요?" "대신…음…사법 대신이니라!" "하지만 재판할 사람이 아무도 없는데요!" "그건 모르지. 짐은 아직 짐의 왕국을 완벽히 다 둘러보지 않았느니라. 짐은 매우 늙었다, 마차를 둘 공간도 없고, 걸어 다니자니 피곤하구나."

[147]

"아! 제가 이미 다 둘러보았어요." 행성의 반대쪽을 다시 한번 흘끗 바라보며 어린 왕자가 말했다. "저쪽에도 아무도 없어요." "그렇다면 너 자신을 심판하거라. 그것이 가장 어려운 일이니라."

[148]

"다른 사람을 심판하는 것보다 자기 자신을 심판하는 게 훨씬 더 어려운 것이다. 네가 만약 너 자신을 공정하게 심판할 수 있다면 그건 네가 참으로 지혜로운 사람이니라." "네" 어린 왕자가 대답했다. "하지만 저는 어디서든 저를 심판할 수 있어요. 이 행성에서 꼭 살 필요는 없습니다."

[149]

"에헴! 이런!" 왕이 대답했다. "내 행성 어딘가에 늙은 쥐 한 마리가 있는 걸 아느니라. 밤이면 쥐 소리가 들리느니라. 그 늙은 쥐를 심판하거라. 때때로 그를 사형에 처하도록 하여라."

[150]

"그러면 그(쥐)의 생명이 너의 심판에 달려있게 될 것이다. 하지만, 매번 그를 용서해 주어야 한다. 그를 아껴서 대해야 하기 때문이다. 왜냐하면 이곳에 단 한 마리밖에 없는 까닭이니라." "저는…" 어린 왕자가 대답했다. "저는 누구에게 사형선고를 내리는 건 싫습니다. 전 아무래도 이제 가야겠습니다."

[151]

"가지 말거라."왕이 말했다. 어린 왕자는 떠날 채비를 끝마쳤으나 늙은 임금을 슬프게 하고 싶지는 않았다. "폐하의 대신이 명령을 따르길 원하신다면" 그가 말했다. "제게 합리적인 명령을 내려주실 수 있으셔야 합니다."

[152]

"예를 들면 1분 내로 떠나도록 제게 명령하실 수 있으십니다. 지금 여건이 좋은 것 같습니다."왕이 대답하지 않자, 어린 왕자는 잠시 머뭇거렸다. 그러고는 한숨을 한번 내쉬고는 길을 떠났다.

[153]

"짐은 너를 외교사절로 삼겠노라."왕이 황급히 외쳤다. 그는 엄청난 권위를 가지고 있는 듯했다. "어른들은 정말 이상해.'하고 어린 왕자는 속으로 중얼거리며 여행을 떠났다."

[154]

두 번째 행성은 허영심이 많은 사람이 살고 있었다. "아! 아! 저기 나를 숭배하는 사람을 맞이해야겠군."어린 왕자를 오는 걸 보자마자 허영심 많은 사람이 멀리서부터 외쳤다.

[155]

왜냐하면 허영심 많은 사람에겐 다른 사람들은 모두 자신을 숭배하는 사람들이다. "안녕하세요. 이상한 모자를 쓰고 계시군요."어린 왕자가 말했다. "인사를 하기 위한 모자지. 사람들이 내게 환호를 보낼 때 답례하기 위해서 쓰는 거란다. 그런데 불행히도 아무도 이 길을 지나지 않아." 허영심 많은 남자가 대답했다.

[156]

"아 그래요?"허영심 많은 남자가 무슨 말을 하는지 알아듣지 못했지만 어린 왕자가 말했다. "손뼉을 쳐봐." 허영심 많은 남자가 어린 왕자에게 지시했다.

[157]

어린 왕자는 손뼉을 쳤다. 허영심 많은 사람은 모자를 들어 올리며 공손하게 인사했다. "왕을 방문할 때보다 더 재미있는데." 어린 왕자는 속으로 생각했다.

[158]

그리고 나서 그는 다시 손뼉치기를 시작했다. 허영심 많은 사람이 모자를 들어 올리며 다시 인사했다. 5분쯤 이러고 나니 어린 왕자는 이 장난의 단조로움에 싫증 났다.

[159]

"모자를 내려놓게 하려면 어떻게 해야 해요?" 그가 물었다. 그러나 허영심 많은 사람은 어린 왕자의 말을 듣지 못했다. 허영심 많은 사람은 오로지 자신을 칭찬하는 말만 들을 뿐이다.

[160]

"너는 정말로 나를 숭배하니?" 그가 어린 왕자에게 물었다. "찬양한다는 게 뭔데요?" "찬양한다는 건 내가 이 행성에서 가장 미남이고 가장 옷을 잘 입고 가장 부자이며 가장 똑똑한 사람이란 걸 인정해 주는 것이지."

[161]

"하지만 이 행성에서 아저씨가 유일한 사람이잖아요." "나에게 친절히 대해줘. 그래도 나를 찬양해 줘." "나는 아저씨를 찬양해요. 그런데 뭐가 도대체 그렇게 아저씨를 즐겁게 하는 거예요?" 어깨를 조금 들썩하면서 어린 왕자가 말했다. 그러고는 그는 그 별을 떠나버렸다. '어른들은 정말 이상해'하고 어린 왕자는 혼자 생각했다.

[162]

그다음 별에는 술꾼이 살고 있었다. 그 방문은 매우 짧았지만, 그 방문으로 어린 왕자를 깊은 우울함에 빠졌다. "뭘 하고 있어요?" 빈 병 무더기와 술이 가득 차 있는 병 한 무더기를 앞에 두고 조용하게 앉아 있는 술꾼을 보고 어린 왕자가 말했다.

[163]

"술을 마시고 있지." 침울한 표정을 지으며 술꾼이 대답했다. "왜 술을 마셔요?" 어린 왕자가 그에게 물었다. "잊기 위해서 마셔." 술꾼이 대답했다. "무엇을 잊기 위해서요?" 그에게 측은한 생각이 들면서 어린 왕자가 물었다.

[164]

"내가 부끄럽다는 걸 잊기 위해서." 머리를 떨구며 술꾼이 대답했다. "뭐가 부끄러운데요?" 그를 돕고 싶은 마음에 어린 왕자가 캐물었다. "술을 마시는 게 부끄러워!" 이렇게 말하고 술꾼은 끝까지 침묵을 지키며 입을 다물어버렸다. 어린 왕자는 난처해하며 가던 길을 떠났다. '어른들은 정말, 정말 이상해' 어린 왕자는 속으로 중얼거리며 여행을 계속했다.

[165]

네 번째 행성에는 사업가가 살고 있었다. 그 사람은 너무나 바쁜 나머지 어린 왕자가 도착했을 때도 고개조차 들지 않았다. "안녕하세요. 당신의 담뱃불이 꺼졌는데요." 그가 말했다.

[166]

"3 더하기 2는 5, 5 더하기 7은 12. 12 더하기 3은 15. 안녕. 15 더하기 7은 22. 22 더하기 6은 28."

[167]

"난 다시 담뱃불을 붙일 시간도 없구나. 26 더하기 5는 31. 휴우! 그러니까 모두 5억 162만 2,731이 되는구나."

[168]

"무엇이 5억이에요?" "응? 너 아직도 거기 있니? 저... 5억 1백만...멈출 수가 없어. 너무 바빠서. 나는 중대한 일을 하는 사람이야. 나는 허튼소리를 가지고서 내 자신을 즐겁게 만들지 못해. 2 더하기 5는 7…"

[169]

"뭐가 5억 100만이에요?" 한번 한 질문을 하면 포기를 절대 하지 않는 어린 왕자가 다시 물었다. 사업가가 머리를 들었다. "이 행성에서 산 54년 동안 내가 방해를 받은 적은 딱 세 번뿐이야."

[170]

첫 번째는 22년 전이었는데, 어딘가로부터 정신없는 거위 떼가 떨어졌을 때야. 그러면서 그게 요란한 소리를 냈고, 덕분에 난 계산을 네 군데나 틀렸었지.

[171]

두 번째는 11년 전이었는데. 신경통이 발병했었어. 난 운동 부족이야. 빈둥거릴 시간이 없어. 난 중대한 일을 하는 사람이라서 그래. 세 번째는…음……바로 지금이야! 가만 있어보자… 5억 100만이었지…"

[172]

"모가 수백만이라는 거예요?" 사업가는 대답을 해주기 전에는 자신이 조용히 일하기는 힘들다는 것을 깨달았다. "수백만의 저기, 작은 물체들 말이다." 그는 말했다. "하늘에서 이따금 보이는 것 말이야." "파리를 말하는 거예요?" "아니. 아니. 반짝거리는 작은 것들 말이다." "꿀벌이요?"

[173]

"아니 아니. 게으름뱅이들을 헛된 공상에 잠기게 만드는 금빛이 나는 조그만 물체 말이다. 나로 말하자면, 난 중대한 일을 하는 사람이거든! 허황된 꿈으로 빈둥거릴 시간이 없어." "아! 별 말이군요?" "맞았어 별이야." "5억 개의 별들을 가지고 뭘 하는 건데요?"

[174]

"5억 162만 2,731개야. 나는 중대한 일을 하는 사람이고 정확한 사람이란다.""네 그러니까 그 별들 가지고 뭘 하는 거예요?""그것들 가지고 뭘 하느냐고?""네."

[175]

"아무것도 하는 것 없어. 그것들을 소유하고 있을 뿐이지.""별들을 소유하고 있다고요?""그래.""하지만 내가 전에 어떤 왕을 봤는데요.""왕은 소유하지 않아. 그들은 통치할 뿐이지. 그건 아주 다른 문제야.""그럼 그 별들을 소유하는 것이 당신에게 무슨 소용이 있어요?""내가 부자가 되는 데 도움을 주지.""부자가 되면 당신에게 어떤 점이 좋은데요?"

[176]

"다른 별들이 발견되면 내가 그걸 사는 데 도움이 되지."'이 사람도 그 불쌍한 술꾼과 같은 논리를 가지고 있군' 어린 왕자는 생각했다. 그래도 그는 질문을 계속했다. "사람이 별들을 소유하는 게 가능한가요?"

[177]

"별들이 누구 것이라는 거야?"투덜대듯이 사업가가 되물었다. "모르겠어요. 그 누구의 것도 아니겠지요.""그러니까 내 것이지. 내가 제일 먼저 그 생각을 한 사람이니까.""필요한 것은 그게 다인가요?"

[178]

"물론이지. 주인이 없는 다이아몬드는 그걸 발견한 사람의 소유가 되는 거란다. 임자가 없는 섬을 네가 발견하면 그건 네 소유가 되는 거고. 네가 어떤 좋은 생각을 제일 먼저 해냈으면 특허를 내야 해. 그럼, 그것도 네 것이 되는 거야. 그래서 나는 별들을 소유하게 된 거야. 아무도 나보다 먼저 그것들을 소유할 생각을 하지 않았거든."

[179]

"그건 맞아요. 아저씨는 별들을 가지고 뭘 하는데요?"어린 왕자가 말했다. "그것들을 관리하지. 세어 보고 또 세어 보고 하지. 그건 힘든 일이야. 하지만 나는 중요한 일에 관심을 가지는 사람이지."

[180]

어린 왕자는 여전히 만족스럽지 않았다. "나는 머플러를 소유하고 있을 때는 그것을 목에 두르고 다닐 수가 있어요. 또 꽃을 소유하고 있다면 그 꽃을 꺾어서 가지고 다닐 수가 있어요. 하지만 아저씨는 하늘에 있는 별들을 딸 수가 없잖아요."

[181]

"못하지. 하지만 그것들을 은행에 맡길 수 있지." "그게 무슨 말이에요?" "작은 종이조각에 다 내 별들의 숫자를 적어. 그리고 나서 그것을 서랍에 넣고 열쇠로 잠근단 말이야."

[182]

"그게 다예요?" "그뿐이지." '그것 재미있는데. 꽤나 시적이야. 하지만 그리 중요한 일은 아닌 거 같아.' 하고 어린 왕자는 생각했다.
어린 왕자는 중요한 일에 대해서 생각하는 것이 어른들과 매우 달랐다.

[183]

"나는 말이에요, 꽃을 한 송이 소유하고 있는데 매일 물을 줘요. 세 개의 화산도 소유하고 있는데 매주 그을음을 청소해 주곤 해요. 불이 꺼진 화산도 청소해 줘요. 언제 어떻게 될지 알 수 없으니까요.." 어린왕자는 사업가와의 대화를 계속했다.

[184]

내가 그것들을 소유하는 건 내 화산들에나 내 꽃에 유익한 일이에요. 하지만 아저씨는 별들에 별로 쓸모가 없잖아요..." 사업가는 입을 열어 무슨 말을 하려 했으나 대답하지 못했다. 그래서 어린 왕자는 떠나 버렸다. "어른들은 정말 이상해." 어린 왕자는 중얼거리며 여행을 계속했다.

[185]

다섯 번째 별은 무척이나 이상했다. 그것은 모든 별 중에서 제일 작은 별들이었다. 겨우 가로등 하나와 가로등을 켜는 점등원 한 사람만이 있을 자리밖에 없었다. 하늘 어딘가에서 집도 없고 사람들도 살지 않는 별에서 가로등 켜는 사람이 왜 필요한 것인지 어린 왕자는 도무지 이해할 수가 없었다.

[186]
"그렇지만 이 사람은 어리석은 사람인지도 몰라. 그래도 왕이나 허영심 많은 사람이나 사업가 혹은 술꾼만큼 어리석지는 않을 거야" 어린 왕자는 속으로 생각했다.

[187]
"적어도 가로등을 켤 때는 별 한 개를, 혹은 꽃 한 송이를 더 태어나게 하는 것처럼 그가 하는 일은 하나의 의미가 있거든. 가로등을 끌 때면 그 꽃이나 그 별을 잠들게 하는 거야. 이건 정말 아름다운 직업이야. 아름답기 때문에 진정 쓸모 있는 것이야."

[188]
어린 왕자가 그 행성에 도착해서 가로등 켜는 사람에게 공손히 인사했다. "안녕하세요, 왜 방금 가로등을 끄셨나요?" "그건 명령이었단다. 안녕!" 가로등 켜는 사람이 대답했다. "명령이 뭐였는데요?"

[189]
"명령은 내가 가로등을 끄는 거란다. 안녕." 그리고 그는 다시 가로등을 켰다. "왜 지금 막 가로등을 다시 켰어요?" "명령이야." 가로등 켜는 사람이 대답했다. "이해가 안 돼요." 어린 왕자가 말했다.

[190]
"이해할 것 따위는 없어. 명령은 명령일 뿐이니까. 안녕." 가로등 켜는 사람이 말했다. 그리고 다시 가로등을 껐다. 그리고 나서는 빨간 바둑판무늬로 장식된 손수건으로 이마의 땀을 닦았다.

[191]
"난 정말 이상한 직업을 가지고 있지. 예전에는 그런대로 괜찮았어. 아침에 불을 끄고 밤 되면 다시 켰지. 그래서 나머지 낮에는 쉴 시간이 있었

고, 밤에는 잠을 잘 수 있었어." "그런데, 명령이 바뀌었나 봐요?"

[192]

"명령은 바뀌지 않았어! 그게 바로 비극이야. 그때부터 지금까지 행성은 빨리 돌고 있는데 명령은 바뀌지 않았어!" 가로등 켜는 사람이 말했다.

[193]

"그래서요?" 어린 왕자가 말했다. "그래서 이제는 이 별이 1분마다 일회전을 하고 있으니까 1초도 쉴 시간이 없는 거야. 1분마다 한 번씩 껐다가 켰다가를 반복해야 하는 거지." "그거참 재미나네요! 당신이 사는 이곳에서는 하루가 오직 1분이라니!"

[194]

"조금도 재미나지 않아. 우리가 이야기하는 동안 벌써 한 달이 지나갔어." 가로등 켜는 사람이 말했다. "한 달이요?" "그래. 삼십 분이니까, 삼십 일이지! 잘 자렴." 그리고는 그는 다시 가로등을 켰다. 어린 왕자는 그를 쳐다보면서, 명령에 그토록 충실한 그 점등원이 좋아짐을 느꼈다.

[195]

어린 왕자는 의자를 앞으로 당기면서 일몰을 보고 싶어 하던 지난 날이 생각났다. 그는 친구를 도와주고 싶은 맘이 들었다. "저기 말이에요. 쉬고 싶을 때 쉴 방법이 있어요." "나야 언제나 쉬고 싶지." 가로등 켜는 사람이 말했다.

[196]

사람은 동시에 성실하면서도 또 한편 게으름 부리는 것이 가능한 법이다. 어린 왕자는 그 설명을 계속했다. "아저씨별은 너무 작으니까 세 발짝만 디디면 한 바퀴 다 돌 수 있잖아요. 언제나 햇빛 속에 있기 위해선 조금 더 천천히 걸어가기만 하면 되는 거예요."

[197]

"아저씨가 쉬고 싶을 때면 걸어가도록 해요. 그러면 하루해가 아저씨가 원하는 만큼 길어질 수 있을 거예요." "그건 별로 도움이 되지 못하겠는걸. 내가 내 삶에서 무엇보다 좋아하는 건 잠을 자는 거거든." 가로등 켜는 사람이 말했다.

[198]
"그렇다면 당신은 불행하군요." 어린 왕자가 말했다. "난 운이 없어. 안녕." 가로등 점화하는 사람이 말했다. 그리고 나서는 가로등을 껐다. "저 사람은…" 더 멀리 여행을 계속하면서 어린 왕자는 말했다. "저 사람은 다른 모든 사람들, 왕이나 허영심 많은 사람이나 술꾼, 혹은 사업가 같은 사람들로부터 무시를 당하겠지."

[199]
그럼에도 불구하고 그는 내게 우스꽝스럽게 보이지 않는 유일한 사람이야.

[200]
"아마도 그건 그가 자기 자신이 아닌 다른 일에 전념하기 때문일 거야." 그는 한숨을 내쉬며 다시금 스스로 말했다. "내가 친구로 삼고 싶었던 유일한 사람이 저 아저씨인데…"

[201]
"하지만 그의 별은 너무 작아. 두 사람을 위한 공간이 없어." 어린 왕자가 감히 고백하지 못했던 것은 매일 1,440번이나 해가 지는, 신의 축복을 받은 그 행성을 떠나기 몹시 아쉬웠다는 사실이다.

[202]
여섯 번째 행성은 이전의 행성보다 10배나 더 컸다. 그 행성에는 굉장히 커다란 책을 쓰고 있는 노신사 한 분이 살고 있었다. "오! 보자! 탐험가가 하나 오는군!" 어린 왕자를 보면서 그가 큰 소리로 외쳤다.

[203]
어린 왕자는 테이블 위에 걸터앉아 숨을 헐떡였다. 그는 너무 많은 그리

고 너무 긴 여행을 했다. "어디서 오는 거냐?" 그 노인이 물었다. "이 두꺼운 책은 뭐예요? 할아버지께서는 여기서 뭘 하시는 거예요?" 어린 왕자가 물었다.

[204]
"난 지리학자란다." 노신사가 말했다."지리학자가 뭐에요?" 어린 왕자가 물었다. "지리학자는 모든 바다, 강, 도시, 산, 그리고 사막이 어디에 위치해 있는지를 아는 사람이란다."

[205]
"그거참 재미있네요. 진정한 직업다운 직업이군요!"
어린 왕자는 말하고 지리학자의 행성을 한 번 둘러보았다. 그 행성은 그가 이제껏 봐온 행성 중 가장 멋진 행성이었다.

[206]
"당신(할아버지) 행성은 참 아름답군요. 넓은 바다도 있나요?"
"말해줄 수 없단다." 지리학자가 대답했다.
"아! 그래요?" 어린 왕자는 실망했다 "그럼 산은 있나요?"
"난 모른단다." 지리학자가 말했다.

[207]
"그럼 마을, 강, 사막은요?" "그것도 알 수 없단다." 지리학자가 말했다.
"하지만 할아버지는 지리학자잖아요!"
"맞아. 하지만 난 탐험가가 아니거든. 내 행성에는 탐험가가 한 명도 없단다."

[208]
"지리학자는 도시나 강, 산, 바다, 대양, 사막을 세러 다니지는 않는단다. 지리학자는 아주 중요한 사람이어서 여유롭게 돌아다닐 수가 없어. 지리학자는 책상을 떠날 수가 없어. 하지만, 연구를 통해 탐험가들을 만난단다."

[209]

"그들(탐험가들)에게 여러 가지 질문을 하여 그들이 회상하는 것들을 기록하는 거야. 탐험가의 기억 중에 흥미로운 게(조금 특이한 게) 있다면, 지리학자는 탐험가의 도덕적인 인격에 대해 조사시킨단다."

[210]
"그건 왜죠?"
"거짓말을 하는 탐험가가 있다면 지리책에 커다란 참사가 일어나게 될 테니까 말이다. 술을 너무 많이 마시는 탐험가도 마찬가지란다."
"그건 왜요?" 어린 왕자가 물었다.

[211]
"왜냐하면 술에 취한 사람들은 사물을 둘(두 배)로 보거든. 그럼, 지리학자는 산이 하나밖에 없는 지역에 산을 두 개라 적게 될 거란다."
"저도 올바르지 못한 탐험을 하는 누군가를 알고 있어요." 어린 왕자가 말했다.

[212]
"그럴 수도 있단다. 그래서 탐험가의 도덕적 인격이 좋아 보여야 그의 발견에 대해 조사한단다."
"확인하러 가나요?"
"아니지. 그건 너무 복잡해. 하지만, 그 대신 탐험가에게 증거를 제공하라고 요구한단다."

[213]
"예를 들어 만약 커다란 산을 발견했을 때는 커다란 돌멩이를 가져오라고 요구하는 거야."
지리학자는 갑자기 흥분하며 움직였다.
"그런데 너는 멀리서 왔구나! 너는 탐험가야! 너의 행성에 관해서 이야기해 주렴!"

[214]
그러더니 지리학자는 큰 장부를 펼치고 연필을 날카롭게 깎았다. 탐험가들

의 장황한 이야기를 처음에는 연필로 적는다. 그러고 나서 잉크로 옮겨 적기 전에 그가 증거를 가져오기를 기다리는 것이었다.

[215]
"자~ 말해보렴." 지리학자가 기대하며 물었다.
"아, 내가 사는 곳은요…" 어린 왕자가 말했다 "별로 흥미롭지 않아요. 아주 작거든요. 화산이 셋 있어요. 둘은 활화산이고 하나는 불이 꺼진 화산이지요. 하지만 언제 어떻게 될지 아무도 모르지요."

[216]
"언제 어떻게 될지 아무도 알 수 없지." 지리학자가 말했다.
"제겐 꽃 한 송이도 있어요."
"우린 꽃은 기록하지 않아." 지리학자가 말했다.
"왜요? 제 행성에서 가장 예쁜데요!"
"그건 기록하지 않아." 지리학자가 말했다. "꽃들은 수명이 짧아서 안 돼."

[217]
"수명이 짧다는 말이 무슨 말이에요?"
"지리책은 모든 책 중 가장 중요한 것들에 대한 것이 쓰이는 책이야." 지리학자가 말했다.

[218]
"지리책은 유행에 뒤처지는 법이 없지. 산이 위치를 바꾸는 일은 매우 드물지. 바닷물의 물이 비어 버리는 일도 매우 드물어. 우리는 변하지 않는 것들만 기록한단다."
"하지만 불 꺼진 화산들이 다시 폭발할 수도 있잖아요."
어린 왕자가 말을 가로막으며 말했다. "수명이 짧다는 게 무슨 말이에요?"

[219]
"화산이 활화산이든 휴화산이든 우리에게는 마찬가지란다. 우리에게 중요한 건 산이란다. 산은 변하지 않거든." 지리학자가 말했다.
"그런데 수명이 짧다는 게 무슨 말이에요?"

일단 질문을 하기 시작하면 평생 포기해 본 적이 없는 어린 왕자가 되물었다.

[220]
"그건 '빠르게 사라져 버릴 위험에 처해 있다'라는 걸 의미해."
"내 꽃은 빠르게 사라져 버릴 위험에 처해 있나요?" "물론이지."
"내 꽃이 금방 사라져 버린다고?" 어린 왕자는 생각했다. "세상에 맞서서 방어할 무기라곤 네 개의 가시밖에 없는, 그 꽃을 내 행성에 혼자 내버려 두고 왔어!"

[221]
어린 왕자는 처음으로 후회했다. 그러나 그는 다시 한번 용기를 내 보았다. "제가 어디를 방문하면 좋을지 말씀해 주시겠어요?" 그가 물었다.
"지구라는 행성으로 가봐." 지리학자가 대답했다. "대단히 평판이 좋은 곳이지."
그리하여 어린 왕자는 그의 꽃을 생각하며 다시 길을 떠났다.

[222]
　그리하여 일곱 번째 별은 지구였다. 지구는 그저 그런 평범한 행성이 아니었다! 그곳에는 111명의 왕(물론 확실히 잊을 수 없는 흑인 나라의 왕을 포함해서)과 7천 명의 지리학자가 있고, 90만 명의 사업가. 7백50만 명의 술꾼, 3억 1천1백만 명의 허영심 많은 사람, 즉 약 20억쯤 되는 어른들이 살고 있었다.

[223]
　지구의 크기를 가늠하기 위해, 전기가 발명되기 전까지는 여섯 대륙을 통틀어 462,511명이나 되는 가로등 점등하는 사람들을 두어야 했다는 이야기를 들으면 여러분은 지구가 얼마나 큰지 감을 잡을 수 있을 거 같다.

[224]
　그래서 좀 멀리 떨어진 곳에서 보게 되면 정말 눈부시게 멋진 광경이었다. 그들이 무리 지어 움직이는 모습은 오페라단의 무용수처럼 질서정연한

것이었다.

[225]
　맨 처음은 뉴질랜드와 오스트레일리아의 가로등 켜는 사람들이 나왔다. 가로등을 켜고 나면 그들은 잠을 자러 갔다.
그러고 나면 중국과 시베리아의 가로등 점화하는 사람들이 춤을 추며 나타났다가 무대 뒤로 손을 흔들며 사라졌다.

[226]
　그 다음으로는 러시아와 인도의 가로등 켜는 사람들이 나타났고, 그 다음에는 아프리카와 유럽의 가로등 켜는 사람들, 또 그 다음에는 남아메리카의 가로등 켜는 사람들, 또 그 다음에는 북아메리카의 가로등 켜는 사람들이 차례로 나타났다. 그런데 그들은 한 번도 실수하지 않았다. 그것은 장엄한 광경이었다.

[227]
　오직 북극에서 단 하나의 가로등을 담당하는 사람과 남극에 있는 그의 동료들만 이 힘든 일로부터 해방되었다.
그들은 일년에 두 번만 바빴다.

[228]
　사람이 재치를 부리려다 보면 진실에서 벗어날 수가 있다. 점등원에 대해 내가 한 이야기는 항상 정직했던 건 아니다. 지구를 잘 알지 못하는 사람들에게 자칫하면 지구에 대한 잘못된 생각을 가지게 할 수도 있는 위험성이 있음을 깨달았다. 사람들은 지구의 아주 작은 공간만 차지한다.

[229]
　지구에서 사는 20억의 사람들이 지구 표면 위에서 어떤 큰 집회에서처럼 서로 바짝바짝 붙어서 있다면, 길이 20마일 폭 20마일의 광장에 쉽게 들어갈 수 있을 것이다. 전 인류는 태평양의 아주 작은 섬 위에 차곡차곡 쌓아 올려질 수도 있다.

[230]

　어른들은 물론 이런 말을 하면 믿지 않을 것이다. 그들은 자신들이 굉장히 거대한 공간을 차지하고 있다고 생각하고 있기 때문이다. 그들은 자신들이 바오밥나무처럼 중요하다고 생각한다. 그러니까 여러분은 그들에게 계산을 해보라고 조언해 주어야 한다.

[231]

　그들은(어른들은) 숫자를 좋아한다. 그러니 그런 충고는 그들은 기분 좋게 만들 것이다. 하지만 여러분은 그 추가적인 문제를 푸느라 시간을 낭비하지는 말길 바란다. 그럴 필요가 없는 일이다. 여러분들은 나를 믿기만 해라, 어린 왕자는 지구에 도착했을 때 아무도 만날 수 없었던 것에 놀랐다.

[232]

　그는 잘못된 행성에 온 게 아닌가 싶어 겁이 나 있을 때, 달빛 색깔의 금빛 고리가 모래 속에서 빛났다.
"안녕하세요." 어린 왕자가 예의 바르게 말했다.
"안녕." 뱀이 대답했다.

[233]

　"지금 내가 도착한 행성이 어디야?" 어린 왕자가 뱀에게 물었다.
"지구야. 아프리카야." 뱀이 대답했다.
"그래! 그럼, 지구에는 사람이 아무도 없니?"
"여긴 사막이야. 사막에는 사람이 살지 않아. 지구는 커다랗거든." 뱀이 말했다.

[234]

　어린 왕자는 바위 위에 앉아 하늘을 쳐다보았다.
"난 궁금해." 그가 말했다. "모든 이들이 자기 별을 찾아낼 수 있도록 별들이 환히 빛나고 있는 건지가…"

[235]

　"내 행성을 봐. 바로 우리들 위에 있어. 그런데 너무나 멀리 있지!"

"아름답구나. 넌 여기 뭐 하러 온 거야?" 뱀이 말했다.
"난 어떤 꽃이랑 안 좋은 일이 있었어." 어린 왕자가 말했다.

[236]
"그렇구나" 뱀이 대답했다. 그리고 그들은 둘 다 말이 없었다.
"사람들은 어디에 있지? 사막은 참 외로운 곳이구나."
어린 왕자가 마침내 다시 말을 걸었다.
"사람들과 함께 있어도 외롭기는 마찬가지야." 뱀이 말했다. 어린 왕자는 그를 한참 빤히 바라보았다.

[237]
"넌 참 재미있는 동물이구나. 손가락보다 더 두껍지도 않아..." 그가 말했다. "그래도 난 왕의 손가락보다도 더 힘이 세단다."
뱀이 말했다. 어린 왕자는 미소 지었다.
"넌 힘이 세지 못한 거 같은데. 심지어 발이 없잖아. 여행도 할 수 없잖아."

[238]
"난 널 어떤 배보다 더 먼 곳으로 데려다 줄 수 있어." 뱀이 말했다.
그는 어린 왕자의 발 주위에 금팔찌처럼 똬리를 틀었다.
"난 나를 건드리는 모든 사람을 그가 태어난 땅으로 돌려보내 주지. 하지만 너는 순진하고 또 다른 별에서 왔으니까...."

[239]
어린 왕자는 대답하지 않았다."넌 내게 측은한 생각이 들게 해. 이 딱딱한 화강암 덩어리의 지구에서 넌 무척이나 연약하구나. 네 행성이 몹시 그리워지면, 언제든지 내가 너를 도와줄 수 있어. 난 도와줄 수 있어." 뱀이 대답했다.

[240]
"응! 잘 이해했어. 근데 왜 그렇게 언제나 수수께끼 같은 말을 하는 거니?"
"난 그 모든 걸 해결할 수 있어." 뱀이 말했다.

그러고는 둘 다 입을 다물었다.

[241]
　어린 왕자는 사막을 횡단했는데 오직 꽃 한 송이를 만났다. 꽃잎이 세 장 밖에 없는 볼품없는 꽃이었다.
"안녕." 어린 왕자가 말했다.
"안녕." 꽃이 말했다.

[242]
　"사람들은 어디에 있어요?" 어린 왕자가 정중히 물었다.
그 꽃은 언젠가 사막의 상인들이 지나가는 것을 본 적이 있었다.
"사람들요? 한 예닐곱 명 정도 있는 것 같아요. 몇 년 전에 그들을 본 적이 있어요."

[243]
　"하지만 그들이 지금 어디 있는지는 아무도 알 수 없어요. 바람이 그들을 몰고 다니거든요. 그들은 뿌리가 없어요. 꽤 힘들 거예요."
"안녕히 계세요." 어린 왕자가 말했다.
"잘 가요." 꽃이 말했다.

[244]
　그 후 어린 왕자는 높은 산 위로 올라갔다. 그가 아는 산이라곤 세 개의 화산이 고작이었는데, 그 산들은 겨우 무릎 높이밖에 되지 않았다. 그리고 그는 불 꺼진 화산을 발판으로 이용했었다. "이렇게 높은 산에서는…" 그는 혼잣말했다.

[245]
　"행성 전체와 사람들까지도 모두 한눈에 볼 수 있을 거야." 그러나 그는 바늘 끝처럼 뾰족뾰족한 산봉우리만 볼 수 있었다.
"안녕." 그가 예의 바르게 말했다.
"안녕…… 안녕…… 안녕……" 메아리가 대답했다.
"당신은 누구세요?" 어린 왕자가 말했다.

[246]

　"당신은 누구세요…… 당신은 누구세요…… 당신은 누구세요……" 메아리가 대답했다.
"내 친구가 되어 주세요. 나는 너무 외로워요." 그가 말했다.
"나는 너무 외로워요…… 나는 너무 외로워요…… 나는 너무 외로워요……" 메아리가 대답했다.
'참 이상한 행성이군!' 그는 생각했다.

[247]

　"너무 메마르고 뾰족뾰족하고 거칠고 험악해, 게다가 사람들은 상상력이 없어 다른 사람이 한 말을 따라만 하다니… 나의 행성에서는 한 송이 꽃이 있었지, 그 꽃은 언제나 먼저 말을 걸어왔는데…"

[248]

　하지만, 어린 왕자는 모래, 바위, 눈 가운데를 오랫동안 걷고 난 후에 드디어 길을 하나 발견하게 되었다. 그런데 모든 길은 사람들이 사는 곳으로 연결되는 법이다.
"안녕." 그가 말했다.
그는 활짝 핀 장미와 함께 정원 앞에 서 있었다.

[249]

　"안녕." 장미꽃들이 말했다. 어린 왕자는 그들을 바라보았다. 그들은 모두 그의 꽃과 닮아 보였다.
"당신들은 누구세요?" 깜짝 놀란 어린 왕자가 그들에게 물었다. "우리는 장미꽃들이에요." 장미꽃들이 말했다.
"아. 그래?" 그러자 어린 왕자는 슬픔을 이겨내지 못했다. 그의 꽃은 온 우주에서 자기와 같은 꽃은 오직 자기 하나뿐이라고 그에게 말했었다.

[250]

　그런데 한 정원 안에만 그와 똑같은 꽃들이 5천 송이나 있어 보였다.
"내 꽃이 이걸 보면 몹시 짜증스러울거야." 어린 왕자는 생각했다. "기침을 지독히 해대겠지. 창피스러운 모습을 보이지 않으려고 죽어가는 척할지도 몰라."

[251]
"그리고 나는 그녀를 되살리기 위해 위로하는 척해야 할 것이었어. 그러지 않으면 내가 죄책감을 느끼도록 정말 스스로 죽어 버릴지도 몰라." 그리고 그는 또 이렇게도 생각했다. " 이 세상에 오직 하나뿐인 꽃을 가지고 있어서 부자라고 생각했어. 근데, 내가 가진 꽃은 그저 흔한 한 송이 꽃일 뿐이었어."

[252]
"흔한 꽃 한 송이, 그리고 겨우 내 무릎까지 오는 세 개의 화산… 그중에 하나는 불이 영원히 꺼질지도 모르고… 그것만으로 난 훌륭한 왕자가 될 수 없어." 그리고 그는 풀밭에 엎드려 울었다.

[253]
　여우가 나타난 것은 바로 그때였다.
"안녕." 여우가 말했다.
"안녕하세요." 어린 왕자는 공손히 대답하고 주위를 돌아봤지만, 아무것도 보이지 않았다.
"난 여기 사과나무 밑에 있어." 좀 전의 그 목소리가 말했다.

[254]
　"너는 누구니? 넌 참 예쁘구나……" 어린 왕자가 말했다.
"난 여우야." 여우가 말했다.
"이리 와서 나랑 놀아. 난 정말로 슬퍼." 어린 왕자가 말했다.
"난 너와 함께 놀 수 없어." 여우가 말했다.
"나는 길들어지지 않았거든."

[255]
　"아, 미안해." 어린 왕자가 말했다.
그러나 잠깐 생각해 본 후에 그는 말했다.
" '길들인다' 라는 게 뭐야?"

"넌 여기 살지 않는구나. 넌 무얼 찾고 있는데?" 여우가 물었다.

[256]
"난 사람들을 찾고 있어." 어린 왕자가 말했다.
" '길들인다' 라는 게 뭐야?"
"사람들은 총을 가지고 있고 사냥하지. 그게 참 성가신 일이야! 그들은 닭도 키워."

[257]
"이것들이 그들의 유일한 즐거움이야. 너 닭을 찾고 있니?" 여우가 물었다.
"아니야. 난 친구들을 찾고 있어. 근데 '길들인다'는 게 뭐지?" 어린 왕자가 말했다.
"그건 너무 잘 잊히고 있는 행동이지." 여우가 말했다. "그건 '인연을 맺는다' 라는 뜻이야."
"인연을 맺는다고?"

[258]
"바로 그거야." 여우가 말했다.
"나에게 넌 아직 수많은 다른 소년들과 다를 바 없는 한 소년일 뿐이야. 그래서 난 네가 필요하지 않아. 또한 네 입장에서도 난 너에게 필요가 없어. 난 단지 한 마리의 여우일 뿐이니까."

[259]
"하지만 네가 나를 길들인다면 우리는 서로가 있어야 하는 거야. 내게 너는 세상에서 하나밖에 없는 존재가 되는 거지. 너에게는 내가 세상에서 하나밖에 없는 여우가 되는 거야." "이제 이해할 수 있을 거 같아." 어린 왕자가 말했다.
"꽃이 한 송이 있었는데, 그 꽃이 나를 길들인 거 같아…"

[260]
"그건 가능해." 여우가 말했다. "지구에서는 별의별 것들을 다 볼 수 있으

니까..." "아, 아니야! 그건 지구에 있는 게 아냐." 어린 왕자가 말했다. 여우는 몹시 당황해하고 그리고는 궁금해했다. "다른 행성에 있다고?" "그래." "그 행성에는 사냥꾼들이 있니?" "아니, 없어." "그거 참 재미있네. 그럼, 닭은 있어?" "없어." "완벽한 것은 없구나.." 여우는 한숨을 내쉬었다. 그러나 여우는 자기 이야기를 계속했다.

[261]
 "내 생활은 단조로워. 나는 닭을 사냥하고, 사람들은 나를 사냥하지. 모든 닭은 다 비슷하고 사람들도 모두 비슷해. 그래서, 결과적으로, 난 좀 심심해. 하지만 네가 나를 길들인다면, 태양이 내 삶을 환히 비추게 된 것 같을 거야.

[262]
 난 다른 발소리와 구별되는 네 발소리를 알게 될 거야. 다른 발소리들은 나를 서둘러 땅 밑으로 기어들어 가게 만들지. 너의 발소리는 나를 굴 밖으로 불러낼 거야! 그리고 저길 봐! 저 아래 밀밭이 보이지?

[263]
 난 빵은 먹지 않아. 그래서 밀은 내겐 아무 쓸모가 없어. 밀밭은 내게 아무 말도 하지 않아. 그건 슬픈 일이지! 그런데 너는 금빛인 머리칼을 가졌어. 그러니 네가 나를 길들인다면 정말 얼마나 굉장할지 생각해 봐!

[264]
 금빛의 곡식은 나에게 너를 생각나게 할 거야. 그럼 난 밀밭에서 부는 바람 소리를 좋아하게 될 거야."
여우는 어린 왕자를 빤히 쳐다보았다. "제발 나를 길들여 줘!" 그가 말했다.

[265]
 "그래, 나도 그러고 싶어." 어린 왕자는 대답했다.
"하지만 내겐 시간이 없어. 난 찾아야 할 친구가 있어. 그리고 알아봐야 할 많은 일들이 있어."
"우린 오직 자신이 길들이는 것만을 알 수 있는 거야. 사람들은 어떤 것도 알 시간조차 없어.”
여우가 말했다.

[266]
　그들은 상점에서 이미 다 만들어진 것들만 사. 그런데 우정을 파는 상점은 없으니까, 사람들은 더 이상 친구가 없는 거지. 네가 친구를 원한다면 나를 길들여 줘.”
“널 길들이기 위해 난 무얼 해야 하는 건데?” 어린 왕자가 물었다.
“참을성이 많아야 해.” 여우가 대답했다.

[267]
　“처음엔 내게서 좀 떨어져서 이렇게 풀밭에서 앉아 있어. 난 너를 곁눈질로 볼 거야. 넌 아무 말도 하지 않을 거야.
말은 오해의 근원이니까. 매일 매일 넌 조금씩 더 가까이 다가와 앉을 거야.” 다음 날 어린 왕자가 돌아왔다.

[268]
　“언제나 같은 시각에 돌아오면 더 좋을 거 같아.” 여우가 말했다.
“이를테면, 네가 오후 네 시에 온다면 난 세 시부터 행복해지기 시작할 거야. 시간이 지날수록 난 점점 더 행복해질 거야. 네 시에는 이미 안절부절못하고 마구 뛰어다니게 될 거야.”

[269]
　난 내가 얼마나 행복한지 네게 보여줄 거야.
그래서 행복이 얼마나 값진 것인가 알게 되겠지! 네가 정해진 시간에 오지 않고 아무 때나 온다면 몇 시부터 너를 맞이할 마음의 준비를 해야 할지를 모를 거야. 사람은 적절한 의식을 지켜야 해.”
“의식이란 게 뭐야?” 어린 왕자가 물었다.

[270]
　“그것 또한 너무 자주 잊히는 행동이지.” 여우가 말했다.

"그건 어느 하루를 다른 날들과 다르게 만들고, 어느 한 시간을 다른 시간과 다르게 만드는 거야. 예를 들면 사냥꾼들에게도 의식이란 게 있어. 그들은 매주 목요일이면 마을의 처녀들과 춤을 춰.

[271]
그래서 목요일은 내게 최고의 날이지! 난 멀리 포도밭까지 산보를 갈 수 있지. 사냥꾼들이 아무 때나 춤을 추면, 하루하루가 모두 똑같아지잖아. 그럼 난 결코 어떠한 휴가도 없게 될 거야."

[272]
그래서 어린 왕자는 여우를 길들였다. 떠날 시간이 가까워졌을 때 여우는 말했다.
"아! 난 울 것만 같아."
"그건 네 잘못이야. 나는 너에게 해를 끼치고 싶지 않았어. 하지만 내가 널 길들여 주길 바란 건 너야." 어린 왕자가 말했다.
"그건 그래." 여우가 대답했다.

[273]
"하지만 넌 지금 울려고 하잖아!" 어린 왕자가 말했다.
"응. 그래." 여우가 말했다.
"그러면 네게는 아무 도움도 안 된 거잖아!"
"내가 얻은 게 있긴 해. 밀밭의 색깔 때문의 말이야." 여우가 말했다. 잠시 후 그가 다시 말을 이어갔다.

[274]
"장미꽃들에 다시 가봐. 너는 너의 장미꽃이 이 세상에 오직 하나뿐이란 걸 깨닫게 될 거야. 그리고 내게 작별 인사를 하러 다시 와. 그럼 내가 네게 한 가지 비밀스러운 선물을 하나 해줄게." 어린 왕자는 장미꽃을 보기 위해 떠났다.

[275]
"너희들은 내 장미와 전혀 달라." 어린 왕자가 말했다. "너희들은 아직은

아무것도 아니야."
"아무도 너희들을 길들이지 않았고 너희들도 아무도 길들이지 않았어. 너희들은 내가 여우를 처음 만났을 때와 같아. 그는 수많은 다른 여우들과 똑같은 그저 그런 여우일 뿐이었어.

[276]
　하지만 내가 그를 친구로 만들었고, 이제 그는 이 세상에 오직 하나뿐인 여우가 되었어."
그러자 장미꽃들은 매우 당황해했다.
"너희들은 아름다워. 하지만 텅 비어 있지." 그가 계속 말했다.
"누구도 너희들을 위해서 죽을 수 없어."

[277]
　물론 지나가는 평범한 행인들은 생각하겠지. 나의 꽃은 너희들과 똑같이 생겨 보인다고 말이야. 나에게 속한 그 장미가 말이야. 하지만 나의 장미 한 송이는 다른 장미 수백 송이보다도 더 소중해. 왜냐하면 내가 물을 주어 보살펴 준 장미가 바로 그 장미이기 때문이야.

[278]
　왜냐하면 내가 칸막이로 보살펴 온 꽃도 그 꽃이기 때문이지. 그것은 내가 그녀를 위해 애벌레들을 죽여왔기 때문이야 (나비가 되도록 두세 마리를 남겨 둔 것을 제외하고는)

[279]
　그녀가 투덜거리거나 자랑할 때, 혹은 아무 말도 하지 않을 때 내가 그녀의 이야기를 들어줬거든…왜냐하면 그녀는 나의 장미이니까…" 그리고 여우를 만나러 다시 돌아왔다.
"안녕." 그가 말했다.
"안녕." 여우가 말했다. "이것이 내 비밀이야. 아주 단순한 비밀이지."

[280]
　"사람이 무언가를 제대로 보려면 반드시 마음으로 봐야해. 정말 중요한

건 눈에는 보이지 않는 법이거든."
"가장 중요한 건 눈에는 보이지 않아."
확실히 잘 기억하기 위해 어린 왕자가 따라 말했다.

[281]
"너의 장미를 그토록 소중하게 만든 건 바로 그 꽃을 위해 네가 소비한 그 시간이야."
"내가 나의 장미꽃을 위해 소비한 시간이라고…"
확실히 잘 기억하기 위해 어린 왕자가 말했다.

[282]
"사람들은 이 진리를 잊어버렸어." 여우가 말했다.
"하지만 넌 그것을 잊으면 안 돼. 너는 네가 길들인 것에 대해 영원히 책임을 져야 해. 네가 길들인 장미에 대해 책임이 있어."
"나는 나의 장미에 대해 책임이 있어." 잘 기억하기 위해 어린 왕자는 반복했다.

[283]
"안녕하세요." 어린 왕자가 말했다.
"안녕." 철도원이 말했다.
"여기서 뭘 하고 있어요?" 어린 왕자가 물었다.
"난 천명 단위로 여행자들을 분류한단다." 철도원이 말했다.

[284]
"그들을 운반하는 기차를 오른쪽으로, 어느 때는 왼쪽으로 안내하는 거지."
철도원이 말했다. 그러자 불을 환히 밝힌 급행열차 한 대가 천둥 같은 요란한 소리와 함께 굉음을 내며 조종실을 뒤흔들었다.

[285]
"저 사람들은 정말 바쁜가 봐요. 그들은 뭘 찾고 있는 거예요?" 어린 왕자가 물었다.

"심지어 기관사도 몰라." 철도원이 말했다.
그러자 반대 방향으로 두 번째 불을 밝힌 급행열차가 천둥소리를 내며 지나갔다.
"그들이 벌써 돌아오는 거예요?" 어린 왕자가 물었다.

[286]
"이 사람들은 같은 사람들이 아냐. 두 기차가 서로 엇갈려 가는 거야."
"그들이 있던 곳에 만족하지 못했나 봐요?" 어린 왕자가 물었다.
"아무도 자신이 있는 곳에서 만족하지 못한단다." 전철수가 말했다.
그리고 그들은 세 번째의 불을 밝힌 급행열차가 우렁차게 들어오는 소리를 들었다.

[287]
"저 사람들은 첫 번째 여행객들을 쫓아가고 있는 거예요?" 어린 왕자가 물었다. "그들은 아무도 뒤쫓고 있지 않단다." 전철수가 말했다.
"그들은 저 속에서 잠을 자거나 아니면 하품하고 있어. 오직 어린아이들만이 유리창에 코를 대고 비비고 있을 뿐이란다."

[288]
"오직 어린아이들만이 그들이 무엇을 찾고 있는지를 알고 있군요." 어린 왕자가 말했다.
"아이들은 봉제 인형을 가지고 놀면서 시간을 보내죠. 그건 그들에겐 아주 중요해요. 그래서 누군가가 그것을 빼앗아 가면 어린아이들은 울어 버리죠."
"아이들은 운이 좋아." 철도원이 말했다.

[289]
"안녕하세요." 어린 왕자가 말했다.
"안녕." 장사꾼이 말했다.
그는 갈증을 해소하는 새로 발명된 알약을 파는 사람이었다. 일주일에 한 알씩만 먹으면 어떤 것을 마시고 싶을 필요성을 느끼지 못하게 되는 것이었다.

[290]

"왜 그걸 팔고 있어요?" 어린 왕자가 말했다.
"그 약이 굉장히 시간을 절약해 주거든. 전문가들에 의해 계산이 된 적이 있어. 이 약이 있으면, 일주일에 53분씩 절약할 수 있어." 장사꾼이 말했다.

[291]

"그럼 그 53분으로 무얼 하지?" "하고 싶은 거 아무거나 할 수 있지."
"나라면…"어린 왕자가 혼잣말로 말했다. '만약 내게 마음대로 사용할 수 있는 53분이 있다면 맑은 샘물이 있는 곳으로 걸어갈 텐데.'

[292]

 사막에서 비행기가 고장을 일으킨 지 8일째 되는 날이었다. 그날 나는 가지고 있던 물의 마지막 남은 한 방울을 마시면서 장사꾼에 대한 이야기를 들었다.
"아" 나는 어린 양자에게 말했다. "네 기억들은 참으로 멋지구나. 하지만 난 아직도 비행기를 수리하는 것에 성공하지 못했어.

[293]

 난 더 이상 마실 물이 없어. 맑은 물이 있는 샘을 향해 한가로이 걸어갈 수만 있다면 나도 정말 행복하겠다!"
"내 친구 여우는……" 어린왕자가 나에게 말했다.
"꼬마 친구야. 이건 여우와 상관있는 문제가 아냐."

[294]

"왜 아닌데?"
"왜냐하면 난 이제 목이 말라 죽을 지경이거든." 그는 내 말을 이해하지 못하고 엉뚱한 대답만 했다.
"누군가 죽어간다고 할지라도 친구를 가지고 있었다는 건 정말 좋은 일이야. 난, 예를 들어, 여우랑 친구가 된 게 너무 기뻐."

[295]

"이 아이는 위험에 대해서는 전혀 생각을 못 하는군." 나는 혼잣말했다.

"그는 배고픔이나 갈증 같은 걸 겪어본 적이 없어. 약간의 햇빛만이 그가 필요한 전부야."
그런데 그가 나를 물끄러미 바라보더니 내 생각에 응답했다.
"나도 목이 말라. 우물을 같이 찾아보자."

[296]
　나는 지쳤다는 몸짓을 했다. 광대한 사막 한가운데에서 무턱대고 우물을 찾아 나선다는 건 터무니 없는 일이었기 때문이다. 그런데도 우리는 걷기 시작했다.
몇 시간 동안을 말없이 터벅터벅 걷다 보니 밤이 되어 별들이 나오기 시작했다.

[297]
　갈증은 나를 조금 열이 나게(흥분하게) 했다. 그리고 나는 마치 꿈속에서처럼 별들을 바라보았다. 어린 왕자의 마지막 말이 내 기억 속에 흐릿하게 떠올랐다.
"너도 목이 마르니?" 내가 물었다. 하지만 그는 내 질문에 대답하지 않고 단지 이렇게 말했다.
"물은 마음에도 좋은 것일 거야…"

[298]
　나는 그의 대답을 이해하지 못했으나 아무것도 말하지 않았다. 그에게 되묻는 것이 불가능하다는 것을 나는 알고 있었기 때문이다.
그는 피곤했다. 그는 앉아 있었다. 나도 그의 곁에 앉았다. 그러자 잠시 말이 없다가 그가 다시 말하기 시작했다.

[299]
"별들은 아름다워. 보이지 않는 꽃 한 송이 때문에 말이야."
나는 대답했다. "그렇지." 그리고는 더 이상 아무 말도 하지 않고 달빛 아래 우리 앞에 펼쳐져 있는 모래 언덕들을 바라보았다.

[300]

"사막은 아름다워." 어린 왕자가 덧붙여 말했다.
그것은 사실이었다. 나는 항상 사막을 사랑해 왔다. 사막에서는 모래 언덕 위에 앉으면 아무것도 보이지 않고 아무것도 들리지 않는다. 그러나 침묵 속에 뭔가가 고동치고, 반짝거린다.

[301]
"사막을 아름답게 만드는 것은," 어린 왕자가 말했다.
"사막이 어딘가에 우물을 숨기고 있기 때문이야."
나는 그 신비로운 사막의 빛남이 무엇인가를 갑자기 깨닫고 깜짝 놀랐다.

[302]
　어린 시절, 나는 낡은 집에서 살았다. 전설에 따르면 거기에 보물이 숨겨져 있다고 했다. 물론 그 보물을 찾는 방법을 아무도 몰랐다. 아마 그것을 찾으려 든 사람도 전혀 없었을 것이다.

[303]
　그러나 그 전설은 그 집에 마법을 걸었다. 내 집은 마음 깊숙한 곳에 보물을 감추고 있었다.
"그래." 나는 어린 왕자에게 말했다. "집이건 별이건 사막이건… 진정 그것들을 아름답게 만드는 건 눈에 보이지 않는 것이지…"

[304]
"나는 기뻐. 아저씨가 나의 여우와 같은 의견이어서." 어린 왕자가 말했다. 어린 왕자가 잠이 들자 나는 그를 팔에 안고 다시 한번 걷기 시작했다. 나는 뭉클하고 감동받았다. 마치 내가 부서지기 쉬운 어떤 보물을 안고 가는 듯했다. 지구상에 이보다 더 연약한 존재는 없는 듯했다.

[305]
　달빛 아래에서 나는 그의 창백한 이마, 감은 눈, 바람결에 나부끼는 머리카락을 바라보며 생각했다. "여기 보이는 건 단지 껍질뿐이야. 진정 중요한 건 눈에 보이지 않아."
희미한 미소를 띤 채 그의 입술이 살짝 열였을 때, 나는 또 생각했다.

[306]
　'이곳에서 잠들어 있는 어린 왕자가 나를 이토록 감동하게 하는 것은 장미꽃 한 송이에 대한 그의 깊은 애정 때문이야. 그가 잠들어 있는 순간조차도 램프의 불꽃처럼 이 존재를 환히 비추고 있는 장미 한 송이의 이미지 말이야.'

[307]
　그리고 나는 그가 더욱더 약해진 걸 느꼈어. 한 줄기 바람에도 쉽게 꺼질 수 있는 램프의 불꽃과 같아서 그를 잘 보호해 주어야겠다는 생각이 들었다. 그리하여 나는 계속 걸었고 동틀 무렵 우물을 발견했다.

[308]
　"사람들은 말이야…" 어린 왕자가 말했다. "급행열차에 타고 길을 떠나지만, 그들이 무얼 찾으러 가는 지 몰라. 그래서 그들은 급히 움직이고 흥분하면서 같은 곳을 빙빙 돌기만 하지."
그리고 그는 다시 말을 이었다.
"쓸데없는 짓이야."

[309]
　우리가 도착한 우물은 사하라 사막의 우물과 달랐다. 사하라의 우물은 그저 모래에 파놓은 구멍 같은 것이었다.
그 우물은 마을 우물 같았다. 하지만, 그곳엔 마을이 없었다. 그래서 나는 꿈을 꾸고 있는 건 아닌가 생각했다.

[310]
　"이상하군."내가 어린 왕자에게 말했다.
"모든 것이 준비되어 있어. 도르래. 물통, 밧줄까지 말이야." 그는 웃으며 밧줄을 잡고 도르래를 작동시켜 보았다. 그러자 도르래는 바람이 오랫동안 불지 않아 풍향계가 삐걱거리듯 그렇게 삐걱거리는 소리를 냈다.

[311]
　"들려?" 어린 왕자가 말했다. "우리가 이 우물을 깨웠어, 그래서 노래하고

있잖아." 나는 어린 왕자가 로프를 당기느라 힘들어하는 걸 보고 싶지 않았다.
"내게 맡겨." 내가 말했다. "너에겐 너무 무거워."

[312]
　나는 물통을 우물 끝까지 천천히 들어 올려 우물가에 올려놓았다. 비록 피곤했지만, 해낸 것이 기뻤다. 내 귀에는 도르래의 노랫소리가 아직도 생생했다, 그리고 아직도 출렁이고 있는 물속에서 햇살이 희미하게 빛나는 게 보였다.

[313]
　"난 이 물을 마시고 싶어." 어린 왕자가 말했다. "마실 물을 좀 줘......."
그러자 나는 그가 무엇을 찾고 있었는지 알게 되었다.
나는 물통을 들어 그의 입술로 가져갔다. 그는 눈을 감고 물을 마셨다. 특별한 축제의 만찬처럼 맛이 좋았다.
그 물은 분명 보통 먹는 음식과는 다른 것이었다.

[314]
　그 달콤함은 별빛 아래서의 걷기, 도르래의 노랫소리, 그리고 내 두 팔의 노력으로 생겨난 것이었다. 그것은 마치 선물처럼 마음에 들었다. 내가 어린 소년이었을 때는 크리스마스트리의 불빛과 자정미사의 음악과 웃는 얼굴의 부드러움이 내가 받은 선물에 환한 빛을 만들어 내곤 했다.

[315]
　"아저씨가 사는 곳의 사람들은" 어린 왕자가 말했다. "같은 정원 안에 장미꽃을 5천 송이나 가꾸고 있지만, 그들이 찾고자 하는 걸 거기서 발견하지 못해."
"그래. 찾지 못하지." 내가 대답했다.
"그렇지만 그들이 찾고자 하는 것은 한 송이의 장미꽃이나 물 한 모금에서 발견될 수도 있는 거야."

[316]

"그래 맞아." 내가 대답했다. 그러자 어린 왕자가 덧붙였다.
"하지만 눈으로는 보지 못해. 마음으로 찾아야만 해."
나도 물을 마셨다. 그래서 편히 숨을 쉴 수가 있었다. 해가 뜨면 모래는 꿀빛을 띠었다. 그 꿀 빛깔은 나를 행복하게 해 주었다. 그렇다면 무엇이 나에게 이런 슬픔을 안겨준 거지?"

[317]
"너는(아저씨는) 약속을 지켜야 해." 어린 왕자가 내 옆에 다가와 앉으면서 부드럽게 말했다.
"무슨 약속 말이니?"
"알잖아. 양을 위한 입마개 말이야. 나는 이 꽃에 책임이 있어…"

[318]
나는 호주머니에서 스케치 한 것(초안)을 한 것을 꺼냈다. 어린 왕자는 그림들을 살펴보고는 웃으며 말했다.
"아저씨 바오밥나무들은 양배추 같이 보여……" "오! 저런!"
나는 바오밥나무에 대해 자랑스러워 했었다.
"여우는 귀가 뿔처럼 보이고, 너무 긴 거 같아." 그리고는 또 웃었다.

[319]
"그건 너무하구나." 나는 말했다. "나는 보아뱀 바깥쪽과 안쪽밖에 못 그린다니까…."
"아, 괜찮아." 그가 말했다. "아이들은 다 이해할 수 있으니까."
나는 그래서 연필로 입마개를 그려주었다. 그걸 어린 왕자에게 주면서 가슴이 무척 아팠다.

[320]
"나는 알지 못하는 계획을 하고 있구나." 나는 말했다. 그러나 그는 그 말에는 대답하지 않았다. 대신 이렇게 말했다.
"있잖아. 내가 지구에 내려온 지 내일이면 1주년이 돼." 그리고는 잠시 조용히 있다가 그가 다시 말을 계속했다. "바로 여기서 가까운 곳에 떨어졌어." 그는 얼굴을 붉혔다.

[321]
　그러자 이유를 알 수 없는 묘한 슬픈 감정을 느꼈다.
하지만, 한 가지 질문이 떠올랐다.
"그럼 일주일 전에 내가 너를 만난 그날 아침에 사람들이 사는 지역에서 1,000마일 떨어진 지역에서 네가 혼자서 어슬렁거리던 게 우연이 아니었구나."

[322]
　"너는 네가 살던 곳으로 되돌아가는 길이었니?" 어린 왕자는 또다시 얼굴을 붉혔다.
그리고 나는 잠시 머뭇거리며 말을 이었다.
"아마 1주년이었기 때문이었니?" 어린 왕자는 또 얼굴을 붉혔다.
그는 묻는 말에 결코 대답한 적이 없었다. 하지만, 사람이 얼굴을 붉힐 때는 그렇다는 뜻이 아닐까?

[323]
　"아!" 나는 그에게 말했다. "난 좀 두려워." 그런데 그는 내 말을 가로막았다. "아저씨는 이제 일을 해야 해. 아저씨 엔진으로 돌아가야 해. 난 여기서 아저씨를 기다리고 있을게. 내일 저녁에 돌아와 줘." 하지만 나는 마음이 놓이지 않았다. 여우 생각이 났다. 누군가에게 길들게 되면, 사람은 울 수도 있는 위험을 감수해야 한다.

[324]
　우물가에는 오래된 돌담의 잔해가 있었다. 그다음 날 저녁, 내가 일을 마치고 돌아왔을 때 멀리서부터 어린 왕자가 우물 위에 앉아서 다리를 늘어뜨리고 있는 것을 보았다. 그리고 그가 말하는 것을 들었다.
"넌 기억을 못 하잖아. 이곳은 정확한 지점이 아니야."
그가 다시 대답했기 때문에 다른 목소리가 대답한 것이 틀림없었다.

[325]
　"그래, 그래. 날짜는 맞지만, 장소가 여기가 아니야."
나는 돌담 쪽으로 계속 걸어갔다. 아무것도 보이지도 아무것도 들리지 않았다. 그런데도 어린 왕자는 다시 대꾸하고 있었다.
"확실해. 넌 모래 위에서 내 발자국이 어디서 시작한 지를 보게 될 거야."

[326]
　　넌 단지 거기서 나를 기다리기만 하면 돼. 오늘 밤 거기로 갈게.
나는 돌담으로부터 단지 20미터쯤 되는 거리에 있지만, 여전히 아무것도 보지 못했다.
잠시 침묵 후에 어린 왕자는 다시 말을 이었다.
"네 독은 좋은 거니? 분명 날 오랫동안 고통 받지 않게 하는 게 확실하니?"

[327]
　　나는 가슴이 산산이 찢기는 듯 해 멈춰 섰다. 하지만, 여전히 상황이 잘 이해되지 않았다.
"그러면 이제 가봐." 그가 말했다. "여기 돌담에서 그만 내려가고 싶어."
그때 나도 돌담 밑으로 시선을 내리뜨려 보았고, 너무 놀라 공중으로 뛰어 올랐다!

[328]
　　저기 내 앞에 30초 만에 사람의 목숨을 뺏을 수 있는 노란 뱀 하나가 어린 왕자와 마주하고 있었다. 나는 권총을 꺼내기 위해 주머니 속을 뒤지면서 뒷걸음질 쳐서 달렸다.

[329]
　　하지만, 내가 내는 소리에 뱀은 꺼져가는 샘의 물방울처럼 모래 사이를 몸을 미끄러뜨려 부드럽게 돌 사이로 가벼운 금속 소리를 내며 별다른 서두름없이 사라졌다. 나는 가까스로 돌담에 도착해 어린 왕자를 내 팔로 안았다. 그의 얼굴은 하얀 눈처럼 창백했다.

[330]
　　"그게 무슨 의미야?" 난 물었다. "왜 뱀들과 이야기를 하는 거야?"
나는 그가 항상 목에 두르고 있는 그 금빛 머플러를 느슨하게 풀어주었다. 그의 관자놀이를 물로 적셔주었고, 마실 물을 가져다주었다.

[331]
　그러나 이제는 감히 그에게 더 이상의 질문을 하지 못했다. 그는 나를 심각한 눈빛으로 바라보더니 그의 팔을 내 목에 감았다. 마치 총에 맞아 죽어가는 새의 심장처럼, 그의 가슴이 뛰고 있음을 느꼈다.

[332]
　"나는 아저씨가 엔진이 뭐가 문제였는지 알게 되어 기뻐." 그가 말했다.
"아저씨는 이제 집에 돌아갈 수 있을 거야."
"그걸 어떻게 알았어?" 나는 이제 막 그에게 내 작업이 내가 감히 희망했던 것 이상으로 성공적이었다고 말하려던 참이었다.

[333]
　그는 내 질문에 답하지 않고, 덧붙여 말했다.
"나도 오늘 집으로 돌아갈 거야." 그리고 슬프게도,
"내가 집에 가는 게 훨씬 더 멀고 훨씬 더 어려워."
나는 뭔가 심상치 않은 일이 일어나고 있다는 것을 분명히 느낄 수 있었다.

[334]
　나는 어린 왕자와 어린아이를 껴안듯 나의 팔에 꼭 껴안았다. 그런데도 내가 그를 어떻게 할 사이도 없이 어린 왕자는 깊은 심연 속으로 빠져들어 가고 있는 것만 같았다.
그는 길을 잃은 사람처럼 매우 심각해 보였다.
"나에겐 아저씨가 그려준 양이 있어. 그리고 그 양을 넣을 상자도 있어. 입마개도 있고……"

[335]
　그리고 그는 슬픈 미소를 지었다. 나는 오랜 시간을 기다렸다. 나는 그가 조금씩 조금씩 몸을 회복하고 있음을 느낄 수 있었다. "오! 어린 왕자야." 나는 그에게 말했다. "너는 두려워하고 있는 거구나."
그가 두려워하고 있었던 건 의심할 여지조차 없었다. 그러나 그는 가볍게 웃어 보였다.
"오늘 밤에는 더 무서울 거야."

[336]

　영영 돌이킬 수 없는 어떤 일이 일어나고 있다는 직감이 들어서 나는 다시금 얼어붙는 듯했다. 나는 어린 왕자 웃음소리를 더 이상 들을 수 없게 되리라는 생각을 견딜 수가 없음을 깨달았다. 그것은 나에게 사막의 샘물 같은 것이었다.
"어린 왕자야," 나는 말했다. "네가 웃는 걸 다시 듣고 싶어."
하지만 어린 왕자는 내게 이렇게 말했다.

[337]

　"오늘 밤이면 꼭 일 년째가 돼. 나의 별이 내가 1년 전에 지구에 떨어진 바로 그 장소 위쪽에서 발견될 수 있을 거야."
"어린 왕자야." 나는 말했다. "내게 그건 단지 악몽이라고 말해줘. 뱀과 있었던 일, 만난 장소 이야기, 그리고 그 별에 대한 이야기 모두 말이야."

[338]

　그러나 그는 내 부탁에 응하지 않았다. 대신 그가 말했다. "중요한 건 눈에 보이지 않는 법이야."
"그래, 나도 알아." "그건 꽃의 경우도 마찬가지야. 만약 아저씨가 어느 별에 사는 꽃 한 송이를 사랑한다면, 밤에 하늘을 바라보는 건 달콤한 일일 거야. 모든 별이 꽃으로 활짝 필 테니까…"

[339]

　"나도 알아." "물도 마찬가지야. 도르래와 밧줄 때문에 아저씨가 내게 마시라고 준 물은 음악 같았어. 기억하지? 그게 얼마나 좋았는지 말이야." "그래."
"밤에 별을 올려다봐. 내가 사는 곳에서는 모든 것이 너무 작아서 내 별을 어디에서 찾을 수 있는지 보여 줄 수가 없어. 그편이 더 좋을 거야. 내 별은 아저씨에게는 수많은 별 중의 하나가 될 테니까.

[340]

　그럼, 아저씨는 하늘에 있는 모든 별을 보는 걸 좋아하게 될 거야. 그 별들 모두가 아저씨 친구가 될 거야. 그리고 아저씨에게 줄 선물이 하나 있어." 그는 다시 웃었다.

[341]
"오! 어린 왕자야. 오! 어린 왕자야! 난 네 웃음소리를 듣는 게 너무 좋단다!"
"그게 바로 내 선물이야. 그것뿐이야. 우리가 물을 마시던 그때랑 마찬가지일 거야."
"무슨 말을 하려는 거니?"
"모든 사람은 각자의 별을 가지고 있어" 그가 말했다. "그러나 그것들은 사람들에게 같은 것들이 아냐."

[342]
　여행하는 어떤 사람들에게는 별은 길잡이 역할을 해. 또 어떤 사람들에겐 하늘에 떠 있는 그저 조그만 빛일 뿐이겠지. 학자 같은 사람들에게는 연구해야 할 문젯거리가 되지. 사업가들에겐 재산이 되기도 해. 하지만 이 모든 별은 아무 말 없이 가만히 있어. 그 누구도 가지지 못했기에 아저씨 혼자서 모든 별을 가지게 되는 거야."

[343]
"무슨 말을 하려는 거니?"
"그 별 중의 하나에 내가 살고 있을 거야, 그 별 중에 하나에서 내가 웃고 있을 거야, 그러니까 모든 별이 다 아저씨에게 웃고 있는 것처럼 보일 거야. 아저씨는, 단지 아저씨만 웃는 별들을 가지게 되는 거야!"
[344]
"그래서 아저씨의 슬픔이 가라앉았을 때면(언제나 시간이 지나면 슬픔은 사그라드니까…) 아저씨가 나를 알게 된 걸 만족스럽게 생각하게 될 거야. 아저씨는 언제나 나의 친구로 남아있게 되지. 나와 함께 웃고 싶을 거야. 그래서 때때로 괜히 창문을 열고 즐거워하기도 할 거야."

[345]
"그럼, 아저씨 친구들은 아저씨가 하늘을 쳐다보며 웃는 걸 보고는 깜짝 놀라기도 할 거야. 그럴 땐 그들에게 이렇게 말해주면 돼. '그래. 별들은 나

를 항상 웃도록 만들어줘!' 그들은 아저씨가 미쳤다고 생각할 거야. 그건 내가 아저씨에게 짓궂은 장난을 친 게 되는 거야."

[346]
　그러고는 그는 또다시 웃었다.
"그건 마치 별들이 아니라, 웃을 줄 아는 수많은 작은 종들을 내가 아저씨에게 준 것과 같을 거야." 그리고 그는 다시 웃었다. 그러더니 갑자기 심각한 기색이 되었다.
"오늘 밤은 오면 안 돼…. 알지?" "난 네 곁을 떠나지 않을 거야." 나는 말했다.

[347]
"난 몹시 괴로운 것처럼 보일 거야. 난 죽어가는 것처럼 보일 거야. 그렇게 보일 거야. 그걸 보러 오지는 마. 그럴 필요가 없어."
"난 네 곁을 떠나지 않을 테야." 그러나 그는 걱정스러웠다.

[348]
"내가 이런 말 하는 건, 뱀 때문이야. 뱀이 아저씨를 물면 안 되니까. 그것들은 악의적인 생명체야, 뱀은 장난삼아 물기도 하거든." "난 널 떠나지 않을 거야." 그러나 어떤 한 생각이 그를 안심시키는 것 같았다.
"사실 뱀이 두 번째 물 때는 더 이상 독이 없어."

[349]
　그날 밤 나는 그가 길을 떠나는 걸 보지 못했다. 그는 소리도 없이 사라져 버렸다.
그를 뒤쫓아가서 따라잡는 걸 성공했을 때, 그는 빠르고 단호한 걸음으로 걸어가고 있었다. 그는 단지 내게 이렇게 말했다.

[350]
"어! 아저씨가 왔어."
그리고는 내 손을 잡았다. 그러나 그는 여전히 걱정하고 있었다.
"아저씨가 온 건 잘못된 거야. 괴로울 거야. 내가 마치 죽은 듯이 보일 테니까. 그렇지만 그건 사실이 아니야."
나는 아무 말도 하지 않았다.

[351]
"알잖아... 너무나 멀어. 난 이 몸을 가지고 갈 수 없어. 너무 무거워."
나는 아무 말도 하지 않았다.
"하지만 내 몸은 오래되고 버려진 껍데기와 같이 보일 거야. 낡은 껍데기를 보고 슬퍼할 이유는 없어."
나는 아무 말도 하지 않았다.

[352]
그는 조금 낙담한 듯 보였다. 그러나 그는 다시 한번 더 노력했다.
"있잖아. 좋은 일이야. 나도 별들을 바라볼 거야. 모든 별은 모두 녹슨 도르래가 달린 우물이 될 거야, 모든 별이 내가 마실 신선한 물을 부어 줄 거야."
나는 아무 말도 하지 않았다.

[353]
"정말 재미있을 거야! 아저씬 5억 개의 작은 종들을 가지게 되는 거고, 난 5억 개의 맑은 샘물을 가지게 되는 거니까..." 그러고는 어린 왕자 역시 아무 말이 없었다. 그는 울고 있었기 때문이다.
"자, 여기야. 나 혼자 가게 해줘."

[354]
그러고는 그는 두려운 마음에 그 자리에 앉아 버렸다. 그가 다시 말했다.
"아저씨. 내 꽃 말이야... 나는 그 꽃의 책임을 져야 해! 그 꽃은 너무 연약하거든! 아주 순진해. 세상에 맞서서 스스로를 보호하기 위한 쓸모없는 네 개의 가시를 가지고 있을 뿐이야." 나도 더 이상 서 있을 수가 없어서 앉았다.
"자. 이제 그게 다야." 그는 또 조금 망설이더니 다시 일어섰다. 그는 한 발짝을 내디뎠다. 나는 움직일 수 없었다.

[355]
그의 발목 가까이에 노란 한 줄기 빛 말고는 아무것도 없었다. 그는 잠깐

움직이지 않고 그대로 있었다. 그는 울지 않았다. 그는 나무가 쓰러지는 것처럼 부드럽게 쓰러졌다. 모래 때문에 아무런 소리도 나지 않았다.

[356]
　이제 벌써 6년이란 시간이 흘렀다. 나는 아직 이 이야기를 한 번도 하지 않았다. 나와 다시 만났던 동료들은 내가 살아 돌아온 걸 보고는 몹시 기뻐했다. 나는 슬펐지만, 그들에게 말했다. "피곤하네."
이제는 내 슬픔도 조금은 가라앉았다. 다시 말해 완전히 슬픔이 없어진 건 아니다. 하지만 해 뜰 무렵에 그의 몸을 찾을 수 없었기 때문에 나는 그가 그의 별로 돌아갔다는 걸 알고 있다..

[357]
　그의 몸은 그렇게 무겁진 않았다. 밤이면 나는 별들의 소리를 듣는 걸 좋아한다. 그건 마치 5억 개의 작은 종들과 마찬가지니까… 헌데 한 가지 놀라운 일이 있다. 내가 어린 왕자에게 입마개를 그려줬을 때, 난 입마개에다 가죽끈을 다는 걸 잊어버렸다.

[358]
　어린 왕자는 양에게 입마개를 매달 수가 없을 것이다. 그래서 나는 계속 궁금해하고 있다. '그의 별에서 무슨 일이 일어나고 있을까? 아마도 양이 꽃을 먹어버렸나.' 한번은 나 자신에게 말했다. "절대 그럴 리 없어, 어린 왕자가 그의 꽃을 매일 밤 유리 덮개로 잘 덮어 보호할 거고, 양을 잘 감시할 거야."

[359]
　그럼 나는 행복하다. 그러면 별들의 웃음 속에는 다정함이 있다. 그런데 다른 때에는 이렇게 생각하기도 했다. "어쩌다 보면 방심할 수도 있을 거야. 그럼, 끝장인데! 어느 날 저녁 그가 유리 덮개 덮는 걸 잊었거나, 양이 밤에 아무런 소리 없이 밖으로 뛰쳐나가면 어떡해!"

[360]
　그러면 작은 종들은 눈물로 변한다. 이건 정말 풀리지 않는 수수께끼다.

어린 왕자를 사랑하는 여러분에게, 그리고 나에게 우리가 알지 못하는 어딘가에서 본 적도 없는 양 한 마리가 장미를 먹느냐 혹은 안 먹느냐에 따라 우주에 있는 그 어떤 것도 같지 않을 것이다.

[361]
　하늘을 바라보라. 스스로 물어봐라. 그런 거 아닌가? 양이 그 꽃을 정말 먹었을까? 그러면 여러분은 세상 모든 것들이 어떻게 변하는지 알게 될 것이다. 그리고 어른들도 그것이 얼마나 중요한 일인지 절대로 이해하지 못할 것이다.
이것은 나에게 이 세상에서 가장 사랑스럽고 가장 슬픈 풍경이다. 앞 페이지의 것과 같은 풍경이지만, 여러분의 기억 속에 깊은 인상을 심기 위해 다시 한번 그렸다.

[362]
　어린 왕자가 지구에 나타났다가 사라진 곳이 바로 여기다.
여러분들이 언젠가 아프리카 사막을 여행할 때를 대비해서 이 풍경을 잘 기억할 수 있도록 유심히 잘 봐 두길 바란다. 그리고 혹시 당신이 이 지점에 다다르게 되면, 부디 급히 지나치지 않았으면 한다. 바로 그 별 아래에서 잠시만 기다려 주면 좋겠다.

[363]
　그때 만약 웃고 있으면서 머리가 금발이고, 질문에 대답하기를 꺼리는 한 작은 사람이 나타난다면, 여러분은 그가 누구인지 알 것이다. 만약 그런 일이 일어난다면, 내게 꼭 전해줬으면 좋겠다. 그가 돌아왔다고….

길들인다는 것… 길들여 진다는 것…
관계를 맺는다는 것…사랑하게 된다는 것…

여러분의 인생에서 가장 소중한 '길들임'은 무엇인가요?
당신을 행복하게 만드는 것은 무엇인가요?

어린왕자와의 만남을 통해
우리의 인생에서 가장 소중한 것을 다시 한번 생각해 보는
기회를 가졌으면 좋겠습니다.

- 어린왕자를 사랑하는 Jeff 강사로부터…